本专著受到

- 国家自然科学基金项目（71362028）
- 云南省应用基础研究计划面上项目(2015FB142)
- 云南省中青年学术和技术带头人后备人才项目（2014HB009 ）
- 云南省级立项支持应用经济学重点学科建设暨新增一级学科博士点学科建设项目——应用经济学
- 云南师范大学“十二五”学科建设项目—— 一层次应用经济学

联合资助

The research of combinational
INVENTORY PLEDGE LOAN BASED
ON PRICE FLUCTUATIONS

考虑价格波动的存货组合质押贷款研究

李富昌　者贵昌｜著

人民出版社

策划编辑:郑海燕
封面设计:肖　辉
责任校对:吕　飞

图书在版编目(CIP)数据

考虑价格波动的存货组合质押贷款研究/李富昌,者贵昌 著. —北京:
人民出版社,2016.6
ISBN 978-7-01-016256-0

Ⅰ.①考…　Ⅱ.①李…②者…　Ⅲ.①抵押贷款-研究　Ⅳ.①F830.5

中国版本图书馆 CIP 数据核字(2016)第 115006 号

考虑价格波动的存货组合质押贷款研究

KAOLÜ JIAGE BODONG DE CUNHUO ZUHE ZHIYA DAIKUAN YANJIU

李富昌　者贵昌　著

人民出版社 出版发行
(100706　北京市东城区隆福寺街 99 号)

北京明恒达印务有限公司印刷　新华书店经销

2016 年 6 月第 1 版　2016 年 6 月北京第 1 次印刷
开本:710 毫米×1000 毫米 1/16　印张:13.25
字数:200 千字

ISBN 978-7-01-016256-0　定价:39.00 元

邮购地址 100706　北京市东城区隆福寺街 99 号
人民东方图书销售中心　电话 (010)65250042　65289539

目　录

对策分析篇

前　言

2015年，我国中小型企业占全国企业总数的99%以上，中小型企业的总产值、利税总额和总出口额分别占全国企业的约58%、52%和68%，中小型企业对国民经济的作用至关重要。但是，将近53.8%的中小型企业都面临着不同规模的资金短缺、融资障碍等问题，这已经成为限制我国中小型企业发展的主要原因。

与大型企业不同的是，中小企业欠缺充沛的固定资产和良好的信用条件来申请贷款，但大多都会持有一定的库存，可以作为质押品申请质押贷款。存货质押融资是指贷款企业将拥有的存货作为质押向银行申请贷款，经过银行同意后，将质押商品转移到具有合法保管动产资格的运输企业（中介方）暂时保管，以获得用于生产经营活动的资金。但是，采用单种商品申请质押贷款时，银行会面临较大的价格波动风险，存货组合质押是解决这一问题的有效途径。在存货组合质押中，贷款企业为得到更高额度的贷款，将存货组合申请贷款，这不但可以提高企业贷款额，还能降低银行贷款风险。因此，将组合投资理论引入存货质押贷款研究，对于基于价格波动的多存货组合质押融资及其风险管理，具有重要的理论价值和实践意义。

本专著包括理论基础篇、模型分析篇和对策分析篇。

在理论基础篇：

通过对国内外存货质押融资研究现状的分析，发现国内外研究主要集中在质押率设定、构建风险度量模型等方面，而且研究主要都是针对单品类，对多品类组合质押融资的研究还比较少。接着从理论基础构建、有效组合分析、模型求解分析三方面介绍了马柯维茨投资组合理论。

在模型分析篇：

首先，引入质押物损耗，研究了需求不确定的情况下，中小企业如何利用自身的资源开展存货质押融资业务，从而得出零售商的最优订货策略和银行收益变化规律。

其次，考虑重新谈判的转换成本对存货组合质押融资的质押监管定价影响，采用讨价还价分析框架，对银行的组合质押监管业务的外包定价过程进行研究，用逆向归纳法求解组合质押监管讨价还价问题的完美贝叶斯均衡，比较分析考虑转换成本和不考虑转换成本讨价还价的系统绩效，以及完美贝叶斯均衡的性质。

再次，构建单周期存货质押率模型，求解出最优质押率和期望利润最大值，对影响最优质押率和期望利润最大值的主要因素作了详细分析，发现最优质押率与贷款企业违约概率呈负相关关系，与对数波动率、对数收益率呈正相关关系，期望利润最大值与贷款利率、对数收益率和贷款周期呈正相关关系。

接着，在单周期研究的基础上，构建了动态质押率模型，研究发现动态质押能够容忍更大的存货期末价格的下降，各个阶段末只要求较低的存货价格，银行就可以达到盈亏平衡，且补仓的频率越大。

然后，在考虑下侧风险约束条件下，构建了两种存货组合质押率模型，研究发现组合质押率的设定更为复杂，不仅要考虑期望利润最大化，还需满足银行的下侧风险约束。

最后，在对存货市场价格评估的基础上，对比分析不同条件下的贷款数额与存货成本价格，得到中小企业通过质押组合进行风险规避的路径。

在对策分析篇：

首先，通过对存货组合质押贷款动态优化进行研究发现，存货组合质押贷款动态优化过程中存在组合质押物难以选择、价格波动增加了存货组合质押业务开展难度、有效的组合质押率难以制定、组合质押对第三方物流业务水平要求较高等障碍因素，针对这些障碍，从合理搭配质押存货、合理设计阶段策略、兼顾银行和借款企业利益合理制定质押率、建立第三方物流评价和激励机制等方面提出相应的对策和建议。

其次，从流动性大小难以度量、流动性难以有效监控、基于流动性的质押物难以组合、流动性风险防控难、存货组合质押方案存在滞后性等方面分析了存货组合质押中流动性所可能带来的一系列问题，并针对这些问题，从采用科学方法有效度量流动性、及时有效地监控和应对流动性变化、采用组合优化方法合理设置质押组合、防控好流动性风险、存货组合质押方案应适时调整以减少时滞性等方面提出优化对策，以实现最优组合质押下的银行、企业、物流公司利益最大化。

再次，分析价格波动下第三方物流和银行金融机构在存货组合质押业务中的优化方法，提出第三方物流必须准确测度和评估价格波动，进行贷款绩效评价，调整和改进贷款方案，银行金融机构必须严格选取质押物，深化与第三方物流的合作，对第三方物流进行监控和激励以及采取事先价格风险防范等对策建议。

接着，将阶段贷款方法纳入到存货组合质押过程中，从最优阶段数难以确定、各阶段贷款数额难以确定、放款条件难以确定、贷款企业的道德风险、缺乏对第三方物流企业的有效激励机制、各阶段贷款撤销机制难以确定等方面分析基于阶段贷款方法的存货组合质押风险控制难点，并针对这些问题，从以风险最小化原则确定贷款阶段数、各阶段放款数量应兼顾银行风险和贷款企业生产经营状况、综合各指标确定放款条件、有效规避道德风险、建立完善的激励机制、科学设置贷款撤销机制等方面提出相应的解决对策。

最后,构建基于价格波动的存货组合质押最优清算流程,从价格波动的随机性和不可预见性、组合性和复合型、相互影响和相互干扰、存货组合质押清算策略的鲁棒性和滞后性等方面分析基于价格波动的存货组合质押最优清算中存在的问题,并针对这些问题,从价格监控和价格预测,单个价格和组合价格的关系,价格的系统变化、随机变化和相互干扰,提高存货组合质押清算策略的鲁棒性、时效性等方面提出相应的对策建议。

本专著对基于价格波动的存货组合质押贷款探讨可以拓展到不同动产组合质押情形下,对物流金融研究提供了有益的补充。本专著的研究思路、研究方法和研究结论对物流金融、融资模式创新领域的理论研究学者和实业界人士有一定借鉴意义。本专著可作为金融学、财务管理、工商管理和管理科学与工程专业的高校教师和科研人员的研究参考资料,也可作为高年级本科生和研究生拓展阅读书籍。

李富昌

二〇一六年一月三日

引　言

我国的经济发展离不开中小企业，中小企业已经成为我国国民经济建设不可或缺的一部分。

截至2014年年底，我国工商注册的中小企业总量约为5000万家，约占全国企业总数的99%。中小企业在GDP、外贸出口额、税收和就业中分别贡献了60%、68.3%、52.2%和80%，超过65%的发明专利、80%的新产品开发都是由中小企业完成的，中小企业在国民经济中的地位举足轻重。

然而，我国中小企业融资渠道的建设并不完善，中小企业存在融资渠道不畅、融资体系不健全等问题，且融资过度依赖银行贷款，直接融资渠道较为狭窄，资金约束日益凸显。实际上，大部分中小企业，由于经营规模小、缺乏可供抵押资产、信用等级较低等原因而导致其内源融资比例较低。中小企业想通过债券、股票以及其他各种金融衍生品融资比较困难，融资难已成为制约其发展的最大瓶颈。[①] 直接融资渠道狭窄、自有资金缺乏加上银行信贷歧视，融资难一直是限制中小企业发展的一大障碍。尤其是对还处于发展初期的零售企业，抵押贷款所需固定资产缺乏，导致资金

① 陈伟、于丽艳：《我国中小企业现状分析及发展对策研究》，《商业研究》2006年第12期，第138页。

短缺，以至于运营决策也受到严重的影响。[①]

随着市场经济的不断深入发展，现代银行为了顺应市场的需求提供了更多服务。例如，为了缓解企业经营过程中存在的资金问题，很多银行机构开始向企业提供一种新的融资方式：存款质押融资。[②]

早在2005年11月，中共中央公布的《中国信贷人权利的法律保护》报告就明确指出，存货质押贷款是解决中小企业融资困难问题的有效渠道。

存货质押融资业务这项新业务的出现为解决中小企业融资困境提供了有效渠道，这一质押融资业务被处在快速发展期的批发商、零售商、分销商，甚至生产商广泛采用。与传统质押贷款不同，存货质押融资不需要企业提供固定资产和设备作为抵押获得贷款。

存货质押融资是一项专门针对企业以自身经营项目采用动产质押的模式获得金融贷款服务的新兴业务。在没有足够的不动产、有价证券或者第三方担保的情况下，企业将所拥有的存货、生产原料、商品等作为质物，向银行出质，并将质物交由具有合法保管质物资格的物流企业进行保管，从而获得贷款。存货质押业务这种融资方式的出现，不仅解决了很多公司筹集资金的问题，而且提高了银行机构运行资金的效率。[③]

存货质押融资业务可以有效解决中小企业的融资困境，实现积极健康稳定的发展。对于银行，存货质押融资拓宽其服务对象

---

① 张媛媛、李建斌：《库存商品融资下的库存优化管理》，《系统工程理论与实践》2008年第9期，第29页。

② 徐玖平、陈书建：《不对称信息下风险投资的委托代理模型研究》，《系统工程理论与实践》2004年第1期，第19页。

③ 李毅学、徐渝、冯耕中：《国内外存货质押融资业务演化过程研究》，《经济与管理研究》2007年第3期，第23页。

范围,使信贷规模得以扩大、信贷结构得以调整,银行资金运作效率得以提高。

存货质押贷款的业务流程如下:贷款企业将其所拥有的半成品、产成品或原材料等动产交由银行指定的第三方物流企业监管,以此来向银行申请质押贷款,从而获得融资的一类新型物流金融业务。随着存货质押业务的精细化发展,用于质押的存货也由单一品种向多元品种发展,多元存货组合质押的方式可有效平抑银行信贷风险,提高贷款企业的融资额度,实现借贷双方共赢。

根据中国物资储运总公司公布的财务数据显示,中国物资储运总公司已经和二十多家金融机构进行合作,动产监管业务的融资规模超过 400 亿元,覆盖二十多个省市,监管客户超过 1200 多家。由此可见,存货质押已发展成银行的主要经营活动之一。

存货组合质押是指借方企业将其拥有的原材料、半成品或产成品等存货按照一定的方式进行组合,并将其作为担保,向资金提供方如银行出质,同时,将质物转交给具有合法保管动产资格的物流企业即中介方进行保管,以此从银行获得贷款的业务活动。它是在物流企业参与下的一类动产质押贷款业务。进行存货组合质押的主要是我国中小企业。对于有着急迫融资需求的中小企业来说,不动产的缺乏使其很难获得银行贷款,但这些企业常常拥有丰富存货,如能利用存货组合质押来进行融资,就能有效解决融资困难。

学者们对存货质押问题进行了一定的研究。然而,针对存货组合质押融资在价格随机波动情况下的研究非常少,所以本专著在价格波动下研究存货组合质押贷款及其风险控制,对提高银行组合质押业务的经济效益、保障融资企业的融资来源、扩展第三方物流企业的业务范围,具有很重要的理论价值和现实意义。

理论基础篇

第一章　存货质押融资文献综述

国外对存货质押融资业务的研究始于19世纪中前期，而国内的研究始于20世纪90年代以后，历史相对比较短。但随着我国社会各界对物流和供应链金融业务的大力推动，存货质押融资业务作为一个新课题，备受学者青睐。下面对国内外存货质押融资及组合质押相关文献进行梳理。

第一节　存货质押融资业务

一、业务基础问题研究

在国外，存货质押融资产生较早，关于业务基础问题研究的文献比较多。针对融资业务的演进历史、商业模式及业务流程，艾伯特（Albert）（1948）、邓纳姆（Dunham）（1949）、伯恩鲍姆（Birnbaum）（1948）等学者对20世纪中期以前的存货质押融资业务的法律环境、业务模式、仓储方式、监管方式和流程等进行了总结；艾森斯塔德（Eisenstadt）（1966）、古滕塔格（Guttentag）（1957）介绍了20世纪五六十年代存货质押融资的业务模式、控制方式和优缺点；米勒（Miller）（1982）介绍了存货质押融资商业模式在20世纪七八十年代变革时期的新特征；弗里德曼（Friedman）（1942）也对存货质押融资的演进和传统融资服务的特征进行了阐述。

为了规避贷款信用风险，需要不断地开展关于存货质押融资方面的物流与金融的整合创新。拉克鲁瓦（Lacroix）（1996）对比了美国和转型发展中国家的存货质押融资，认为在转型发展中国家开展存货质押融资业务具有重要的意义，并介绍了相关的商业模式及推进融资发展的具体措施；格茨（Gertz）（2000）分析了基于资产的融资业务的变化，阐明了这一业务的优点，认为银行有必要保持这些优点来扩大业务的范围；鲁特贝里（Rutberg）（2002）从业务模式、主要特征、运作流程等方面对 UPS 资本公司的物流金融业务进行了分析。

国内关于存货质押融资业务基础问题研究的文献也有很多，其中具有代表性的有：罗齐等（2002）提出了一种推动质押贷款、促进中小企业发展的融通仓模式，认为融通仓是一个综合性的第三方物流服务平台，不仅为银行与企业间的合作架构新桥梁，帮助中小企业解决融资难题，而且能有效地融入中小企业供应链体系之中，为其提供高效的第三方物流服务。陈祥锋等（2005）系统性地阐明了融通仓的概念及发展、系统结构、运作模式、在贸易中的应用以及金融供应链与融通仓服务的密切关系。李毅学等（2007）对存货质押的内涵、国内外业务的异同以及业务参与方资质及风险管理做了相关的诠释。

二、风险控制决策

为了规避贷款风险，很多银行都要求借款企业提供担保物。一些学者对担保物在贷款风险控制中的作用进行了研究，普遍认为，担保物能够起到规避借款企业道德或信用风险的作用。史密斯（Smith）和华纳（Warner）（1979）证明了内部担保物在解决资产替代问题上是有用的。斯图尔兹（Stulz）和约翰逊（Johnson）（1985）分析了内部担保物的使用能够在一定程度上缓解企业投资不足的现象，增加企业的价值，同时，他们还证明了一些有利润的项目在企业不提供担保物时可能不会被银行贷款支持，但如果企业能够提供内部担保物，则能够获得银行贷款。詹姆斯(James)(1988)认为投资不足的问题能够被一系列等同于内部担保贷款支付特征的有价证券来解决。以上是从内部担保物的角度，下面从外部担保物的角度进行分析。阿吉翁(Aghion)和博尔顿(Bolton)(1992)与拉波尔塔(La Porta)等(1998)建立了相关模式，认为要求借款企业提供担保物能够使借贷双方的利益捆绑，促使借款企业提高努力水平保证贷款支持的项目成功。因此，借款企业违约时，若存在担保物价值将被清算这一可信威胁，提供担保物就会是一种确保借款企业提高努力水平的有效措施。布特(Boot)等(1991)的研究表明如果被贷款投资的项目回报取决于借款人的努力水平，而且这一努力水平是难以观察的，风险较大的借款人将通过努力获得较高回报，因此对银行而言，为了限制道德风险，必须对高风险借款人要求担保物。此外，约翰(John)等(2003)还认为在企业违约时担保物担保的价值比其他资产更可靠，并研究了担保物对贷款收益的影响，认为在确认了信用评级后，担保贷款相对于无担保贷款有更高的收益，而且贷款期越长、监管水平越低或企业信用评级越低，这一收益差额将越大。

国内也有一些学者在国外文献的基础上研究了担保物在贷款风险控制中的作用。金武等(1996)研究了在完全竞争与不完全竞争两种不同的信贷市场中以及在信息完全与不完全两种情况下银行相应的信贷决策机制，表明了当借款方的初始财富不够银行所需的抵押品要求时，银行的信贷决策机制的最优性必须通过对低风险类的企业实行信贷配给，这样银行才能有效地鉴别出前来申请贷款的企业风险类型，以保证信贷决策机制具有激励相容性。金武等(1996)的研究结论表明，当投资者的初始财富未构成抵押品的紧约束时，均衡的信贷市场中风险投资者可以被彻底鉴别出来，信贷决策机制无须配给；当投资者的初始财富构成抵押品的紧约束时，如果信贷决策机制中没有配给，均衡的信贷市场就会有并和现象。庞素琳等(2001)在信贷市场存在信息不对称的情况下，在对银行信贷风险数学原理分析的基础上，建立了银行对不同风险偏好类型的借款企业的信贷风险决策模型，并对银行在该决策模型下如何设置抵押品价值要求来规避信贷风险提出了建议。

存货质押融资业务是借款企业以自身所拥有的存货、生产原料、商品等作为质物，向银行申请贷款。针对存货等质押物在存货质押融资业务中的风险监控问题，纳尔(Nail)(2003)分析了包括存货质押融资在内的贸易融资在美国的最新发展趋势，认为风险控制水平低是贸易融资在2000年和2001年达到一个高峰，而在2003年左右有下降趋势的原因，这样，出于规避风险的目的，美国大的银行在业务上较为保守，小的银行则比较灵活，但总体上需要采取措施提高风险控制水平以促进存货质押融资的发展。赖特(Wright)(1988)指出在存货质押业务中，对存货的价值评估与严密的监控是关键环节，且对存货的最终价值实现的准确估计比较困难，因为银行很难准确掌握质押存货的相关信息，或者说需要付出超过所得收益的监管成本，因此建议银行外包质押存货价值评估和储存监管等环节给专业的第三方物流企业。巴斯基(Barsky)和康塔娜奇(Catanach)(2005)建立了贸易融资业务风险分析概念模型，模型将业务风险划分为：业务过程风险、环境风险、信息技术风险、人力资源风险和基本结构风险，其中业务过程风险是风险分析模型的核心，其他的四种风险，则是通过影响业务过程而影响融资业务，这一模型及分析对物流与供应链金融具有启示作用，能够为物流与供应链金融融资方提供一个全面、有效和实用的方法来分析管理和控制物流融资业务。斯金(Siskin)(1998)分析了针对零售商的存货质押融资中所可能发生的风险，也认为实行严密监管是必要的，并介绍了一些必要的监控措施，包括每周或每日监控报告、对存货及相关资产的审计以及借助有信息和经验的中介等。希勒（Shearer）和黛蒙德（Diamond）（1999）指出，风险评级的方法在传统的贸易融资中起到了重要的作用，但随着竞争加剧和市场环境的变化，风险评级的方法无法满足贸易融资的需要，尤其是在物流和金融整合创新下，风险出现了新的特征，需要根据融资的具体情况，采取更加有针对性、更加定量并且更加准确的风险度量方法。

在国内，对存货质押融资业务风险监控问题的研究主要从以下几个方面开展。

一是从第三方物流着手。李娟等（2007）针对金融机构和第三方物流之间的委托代理问题，为控制信用风险和降低道德风险，将存货质押业务分为三个阶段来进行，并分别分析了金融机构在有重新谈判机会和无重新谈判机会两种情况下的最优阶段贷款策略，分析得出阶段贷款较一次性直接贷款更优，同时指出阶段贷款与契约的结合运用能更好地防范第三方物流企业道德风险的产生。此后，李娟等（2010）基于统一授信模式下的订单融资业务，分别就完全信息有重新谈判机会和不完全信息有重新谈判机会两种情况，建立了存货质押融资业务阶段贷款最优决策模型，指出存在道德风险的情况下，较直接贷款而言，银行实施阶段贷款政策更有利于对风险的控制。李娟（2010）在银行和中小融资企业有重新谈判机会时，分析了完全信息和不完全信息两种情形下银行在订单融资业务中的阶段贷款决策，分析指出将订单质押和阶段贷款相结合能够有效防范第三方物流企业道德风险的产生。李毅学（2012）以江西邮政速递物流公司开展的质押监管为例，系统分析了业务合约设计过程中的风险控制。研究成果充分考虑了我国物流金融创新下存货质押融资业务的特征和环境，并根据业务流程风险的来源设计了相应的业务合约条款、业务合约中的关键风险控制点和关键风险控制指标，从而为存货质押融资业务的规范健康发展提供了技术支持。潘永明等(2015)从物流企业的角度，综合考虑业务开展过程中面临的各项风险，运用网络分析法对怡亚通公司的业务风险进行系统的分析和评估，有效地识别了关键风险因素，为物流企业在统一授信模式下的存货质押融资业务的开展提供了风险控制的依据和方法。

二是从担保物着手。刘威廷等(2012)认为担保存货变现是存货质押融资中最重要的风险，选择改进灰色关联度分析对融资企业的存货担保货物变现风险进行了分析，首先介绍了存货质押融资风险，其次介绍了改进灰色关联度模型，最后对融资企业的存货担保变现风险进行应用，以期得出最佳融资企业。汤迪(2012)以中小企业融资难问题为研究背景，简要介绍了供应链金融的相关概念、特点和意义，进而研究了保兑仓融资、融通仓融资以及应收账款融资等模式及其风险控制点，并对这三种融资模式进行了比较分析。通过构建数理模型，重点研究了保兑仓和融通仓融资模式中如何设定最优的担保物质押率，以有效降低银行的贷款风险，促进供应链金融业务的发展。

三是从贷款利率和质押率着手。于萍等(2009)在借贷双方信息不对称以及借款企业违约概率外生情形下，分析了银行如何通过贷款利率和质押率实现对借款企业的分类管理，结论表明银行可以针对借款企业信用等级差异而提供高风险性和低风险性两种契约。李蜀湘(2011)建立了存货质押贷款模型，从风险分担的角度对其进行优化，并设定存货质押贷款中贷款折旧率及名义贷款利率，给出在假设条件下的物流金融定价方案。黄莉等(2014)认为产品的价格风险往往影响银行的存货质押融资质押率设定，在核心企业回购担保融资的情形下，讨论价格随机波动风险下的质押率确定问题，并通过不同违约情形下的数值分析验证相关分析结果，同时得出高违约企业低质押率的结论。因此，银行在开展存货质押融资业务时需要做好风险控制分析工作。黄云飞等（2015）针对钢材市场中存货质押融资业务的价格风险问题，以螺纹钢现货的价格为样本数据，采用经验值方法计算风险率与效率损失率，并与基于 VaR 历史模拟法的计算结果进行比较，结果表明，样本期间长度的选择对历史模拟法计算结果的优劣有一定影响，历史模拟法适合短期限的存货质押融资贷款，用回顾测试对计算结果进行检验，表明用风险价值模型方法设定的质押率对控制螺纹钢价格风险更有效。建立风险评价指标，隋如彬等（2011）针对存货质押过程中可能出现的风险进行研究，通过市场调查得到相关数据，再运用因子分析和信度分析选出关键性风险评价指标，并建立物流企业存货质押业务的风险评价指标体系。齐乐（2013）通过对包头市的钢铁生产企业存货质押案例、稀土贸易企业存货质押案例及乌海市煤炭运销企业存货质押三个典型中小型企业的案例分析，说明了包商银行存货质押的过程，分析了存货质押过程中存在的风险，最后由案例分析引发思考，对存货质押的风险和出现的问题提出相应的对策，从而找出适合包商银行供应链融资存货质押模式业务发展的因素，为满足该地区中小企业融资需求，促进地区经济发展略尽绵薄之力。唐明琴（2011）围绕目前我国商业银行质押融资的几种模式，对融资的风险进行深入分析，并提出了管理相关风险的建议措施。

三、资金约束下的物流运营决策

企业运营管理方面的大量文献都假定企业在内部资金充足的情况下做出生产和库存决策，而现实中企业常常会面临资金约束，李(Li)等(2005)在需求不确定和存在资金约束的情况下,以注入资本红利现值最大化为决策目标,构建了企业进行资金决策和物流决策的动态模型,分析指出此时最优的基准库存水平要比以利润最大化为决策目标时更低。沿着这条主线,莱德尔(Lederer)和辛格哈尔(Singhal)讨论了企业进行制造投资时有资金约束的技术选择问题,表明了通过融资策略,企业的投资价值会大幅增值。巴比奇(Babich)和索贝尔(Sobel)(2004)在最大化收益的基础上,探讨了私人所有的企业在资金约束下的生产能力扩张问题,分析了企业引入公共创业基金的时机以及运营决策与资金决策的协调。徐(Xu)和伯奇(Birge)(2004)同样沿着上述研究的主线,构建了同时考虑资金约束和生产运营的决策模型,模型说明未来企业的生产决策将受到资金约束的影响,并指出企业价值对生产决策比对资金决策更加敏感,低利润的制造商比高利润的制造商更可能遭受无法同时协调资金和生产决策的困境。布查卡特(Buzacott)和 张(Zhang)(2004)首次尝试将基于资产的融资引入生产决策中,构建了确定需求下的相关决策模型,该模型与大多数传统的生产和库存模型中假设资金约束已知或者外生不同,在生产活动的每个阶段将资金作为关于资产和负债的动态函数,最后还分析了创业型企业将生产和融资决策进行综合考虑的重要性。

国内,陈祥峰等(2008)考虑资本市场存在竞争强度的情形下,由资金约束零售商组成的供应链的融资和运营综合决策,分析认为融资服务能给存在资金约束的供应链带来价值,并且指出资本市场的竞争强度对供应商和零售商的行为决策有影响。陈祥峰和朱道立(2008)建立了存在资金约束情形下的供应链模型,分析了传统模式、代理模式和控制模式下物流提供商的系统价值,并指出第三方物流供应商在代理模式和控制模式下能够为资金约束供应链创造新的价值。胡劲松和闫伟(2008)考虑由单个生产商和单个分销商构成的二级供应链中，在多产品市场需求模糊和制造商提供负指数折扣情形下，多产品生产商和存在资金约束的分销商之间可实现供应链的完美协调，并且二者的利润均有所增加。魏杰等(2009)在单周期情况下，基于随机的市场需求，分析了一个生产两种可替代产品的生产商在其资金有、无约束两种情况下的最优生产决策。胡本勇等(2009)考虑单周期情形下，供应链期权柔性契约对存在采购资金约束的供应链的协调，分析得到了销售商的最优订购决策以及供应商的最优生产决策。王素娟(2010)对资金约束下供应链融资中物流、资金流和信息流问题相关的理论研究进行了文献回顾，并指出对供应链融资与运作联合决策的定量研究是一个值得深入研究的方向。李丽(2010)基于统一授信模式融通仓，结合线性规划和层次分析两种方法，在同时存在信贷约束和库存约束的情况下，构建了第三方物流与中小企业之间的信贷模型，并进行了案例分析。刘岚(2010)对供应链融资管理中的资金约束问题进行了分析，并建立了基于供应链融资管理的资金约束模型。周建亨(2010)针对由单一制造商和单一分销商组成的具有资金约束的供应链，在同时考虑制造商承诺回购、分销商申请融资的情况下，分析了供应链的运营策略以及金融机构的融资决策。孙喜梅等(2014)研究资金约束的零售商进行存货质押融资对各个节点企业及供应链整体利润的影响，给出实现供应链协同的条件，研究质押量与质押率、贷款利率的关系，对比分析是否融资的最优决策。结果表明，存货质押融资能够实现融资企业与供应商的共赢，在增加节点企业利润的同时提高供应链整体效益；供应商通过调整批发价实现供应链协同，使供应商、零售商及供应链整体的效益同时达到最大；供应链协同时的质押量与质押率、贷款利率呈负相关；存货质押融资时的最优批发价和最优订货量都低于资金充足时的最优批发价与最优订货量。并通过算例分析验证了相关结论。

四、质押率决策

贷款价值比率即质押率的设置是存货质押融资业务中银行进行风险控制的关键点,国内外已有许多学者对此问题进行了研究。史图斯(Stulz)和约翰逊(Johnson)(1985)遵循默顿(Merton)(1974)的结构式思路,针对质押物对质押贷款定价的影响进行了相关研究。埃萨(Esa)和普拉(Peura)(2003)继续沿着这一思路,分析了金融机构开展质押贷款业务时相应的质押率决策。科森(Cossin)和赫里科(Hricko)(2003)基于结构化方法,在研究抵押贷款信用风险工具定价时得到了质押物的质押率。科森(Cossin)和 黄(Huang)(2003)在给定借款企业违约概率外生的前提下,沿着贾罗(Jarrow)和特布尔(Turnbul)(1995)、贾罗(Jarrow)和兰多(Lando)(1997)等提出的简化式思路,在已知银行风险承受能力的基础上,得到了相应的质押物折扣率。

在国内,质押模式分为静态质押模式和动态质押模式,下面分别从动态、静态两种质押模式对质押率进行研究。在静态质押模式下,李毅学等(2007)分别考虑当质押存货期末价格服从正态分布、对数正态分布和一般分布时银行相应的质押率决策。沈江(2009)假定银行采取的质押方式是一次性静态质押,并分析了影响存货质押率的因素,创造性地建立了存货质押率决策模型,并根据企业特点及风险与收益的平衡,制定最优的质押率。在动态质押模式下,李毅学等(2006)继续沿着简化式思路,在质押存货价格变化服从对数正态分布、借款企业违约概率外生并独立于质押贷款的假设下,针对动态质押模式,构建了存货质押业务中银行的贷款价值比率决策模型,并考虑清算延迟、流动性风险、非零的补仓促发水平等因素的影响,对基本模型进行了拓展研究。李毅学等(2006)沿着简化式思路,针对动态质押模式,建立了股票质押贷款业务中银行的贷款价值比率决策模型,并将清算延迟、流动性风险以及非零的补仓促发水平等因素引入基本模型中进行了拓展研究。朱文贵等(2007)综合考虑制造商允许销售商延迟支付和为销售商提供现金折扣条件下,存货质押业务中以利润最大化为目的的第三方物流企业的最优服务定价决策。李毅学等(2007)在动态监管模式下,针对价格变化随机并服从对数正态分布的质押存货,考虑当融资企业违约概率外生并服从重随机泊松过程情形下,风险下侧规避银行的最优贷款价值比率决策,分析得出质押存货的预期收益率越高或者价格波动率越低或者银行的风险容忍水平越高,则银行确定的贷款价值比率越高。高洁等(2009)在动态物流监管模式下,考虑资信水平以及质押商品的价格波动率的影响,建立基于分批次多次提单的存货质押贷款质押率的计算模型,在尊重银行的风险可控并取得可期利润的基础上,以企业通过贷款获利为主导并求其利润最大化。陈云等(2015)从银行风险管理角度,针对存货质押融资模式设计中难以规避的违约风险、变现风险、价格风险,建立了一个简化式多周期动态质押率设定模型,并以钢铁存货质押为例,检验文中构建的模型在钢材质押率确定上的合理性。

另外,张钦红等(2010)从存货的需求随机波动的角度来研究银行的最优质押率决策问题,并详细分析了不同的风险偏好对质押率的影响,结论表明风险厌恶及损失规避时的质押率均低于风险中性时的质押率。白世贞等(2013)针对存货质押融资业务中的质押率决策问题,构建市场需求不确定环境下的物流金融机构利润模型,并引入下侧风险控制模式获得最优质押率表达式。最后,通过仿真验证了质押率和利润受市场需求变动情况、融资企业违约率以及物流金融机构预设损失率的影响,为存货质押融资业务的开展提供了理论依据。张燃等(2013)使用定价方法研究存货质押贷款质押率的确定问题,其将质押贷款超额收益现值看作一个看跌期权的价值。在此框架内,首先分析固定利率零息贷款的质押率和贷款期限、超额收益率以及质物价值波动特征的相互关系。同样的分析被扩展到付息贷款和组合质物等情形,并针对固定利率零息贷款情形给出了数值算例。刘妍(2014)将衡量证券市场流动性的方法引入存货质押业务的风险管理领域,采用基于变现时间的风险价值模型方法对质押存货进行流动性调整,并设定相应的质押率,为流动性较弱的存货作为质押物进行融资时的定价提供了一个较为简明的模型。

五、物流外包中的激励监督决策

存货质押业务中,金融机构需要将质押物价值评估、监管、物流、拍卖等业务委托给第三方物流企业,但由于双方之间存在信息不对称,为了避免第三方物流企业道德风险的发生,银行需要给予适当的激励,以提高其工作的努力水平。在国内,已有学者对物流服务外包中委托人对代理人进行激励监督的问题进行了丰富的研究。曹玉贵和杨忠直(2006)在信息不对称情形下,分析了物流服务外包中最优激励机制的设计。梁静等(2006)分析了供应商与生产商之间的信息共享程度对第三方物流企业的激励的影响,得出结论,对高努力水平偏好的委托人而言,信息共享能对代理人产生激励作用。王勇等(2006)分析了第四方物流企业在物流服务分包中对第三方物流企业的激励问题,得出结论,实力越强的第三方物流企业越会努力工作;第四方物流企业应激励更有实力的第三方物流企业;实力越强的第四方物流企业越会努力工作。曹玉贵(2007)在信息不对称情形下,分析了物流服务外包中的委托—代理问题,指出:当信息对称时,第三方物流企业在最优激励合同中承担风险的比例加大;物流外包商对第三方物流进行激励时应考虑能力水平和工作努力水平两个因素。李彦国和钟胜(2008)考虑信息不对称情形下,第四方物流介入的物流外包服务中外包公司对第四方物流的最优激励契约设计。梁静(2009)在供应商和生产商之间信息共享或信息不共享两种情形下,对供应商和第三方物流之间的激励问题进行研究,分析得出在多重委托代理关系中,主委托人除了对代理人进行激励外,还可加强与副委托人之间的合作,从而防范道德风险的产生。王婷等(2010)在信息不对称情况下,构建了农产品市场中物流服务外包的最优激励模型,分析指出:在一次合作下,最优的激励强度系数与物流服务外包方和提供方之间的成本系数和利润贡献系数有关,在引入二次分配机制后,实现了双方之间的帕累托最优。

针对物流金融业务物流服务外包中金融机构对第三方物流企业的激励监督问题,徐鹏等(2008)对委托模式融通仓业务中金融机构对第三方物流只采取激励和采取激励与监督结合两种情况下的均衡结构进行比较研究,分析得出金融机构对第三方物流企业的激励和监督可以提高第三方物流企业的工作努力水平。周钊等(2009)针对存货质押业务,在信息对称、信息不对称和信息不对称时增加其他可测变量三种情形下,分析了银行对第三方物流企业的激励问题。于萍和徐渝(2010)在卖方垄断和完全竞争两种市场结构下,构建了存货质押业务中银行对第三方物流的激励模型,分析得出:在完全信息情况下,固定委托费用合约为最优激励合约;在不完全信息情况下,分成合约为最优激励合约;当第三方物流承担有限责任时,固定委托费用合约为最优激励合约。王勇和徐鹏(2010)对委托模式融通仓中考虑公平偏好和不考虑公平偏好情形下银行与第三方物流之间的委托代理问题进行比较研究,分析指出考虑公平偏好后,银行对第三方物流的最优固定支付较不考虑公平偏好时高，此时第三方物流将提高工作努力水平，且工作努力水平随着公平偏好水平的增加而增加。徐鹏等（2010）针对共同委托模式下的仓单质押业务，分别就借款企业不参与银行对第三方物流的激励和监督、参与激励、参与激励和监督三种情形进行了分析，认为借款企业同时参与激励和监督能提高第三方物流的工作努力水平。韦燕等（2010）在信息不对称情况下，运用委托代理理论，研究存货质押贷款业务中银行对第三方物流的激励设计，并将其归结为一个随机二层规划问题，求出了该问题的解并得到一个激励判别不等式。通过对激励判别不等式进行分析，解决了银行面临的需要激励第三方物流付出哪种努力水平，以及当第三方物流选择这种努力水平时，银行相应激励合同的设计问题。陈玲（2012）同时考虑逆向选择和道德风险，在第三方物流企业能力类型和努力水平均不可观测条件下，构建第三方物流合作契约激励模型，探究了能够选择合适的第三方物流企业并激励其努力工作的一般性合作契约激励机制。在此基础上，分别针对第三方物流多期合作和多任务代理的特征，构建相应特征条件下的契约激励模型。

第二节　存货组合质押融资

存货组合质押融资是银行将其所拥有的原材料、半成品、产成品等动产进行有效组合，从而降低所有质押物价格同方向变化的概率，同时降低价格波动给银行带来的不确定。存货组合质押贷款是将投资组合思想融入存货质押业务，其有效拓展了银行和借款企业业务范围，为第三方物流企业提供了新的利润增长点，有利于将存货质押业务精益化、精细化和科学化。所以，在回顾存货组合质押融资业务文献之前，有必要对投资组合理论相关文献进行梳理。

投资组合理论是由美国经济学家马科维茨1952年首次提出的，随后进行了系统、深入和卓有成效的研究，并于1990年获得诺贝尔经济学奖。马科维茨认为投资组合理论就是指导投资者构建一定的回报水平下，风险最小，或者一定的风险水平下，回报最高的证券组合。随着组合理论在实际投资领域的应用越来越广泛，现代资产组合选择理论模型也根据不同金融管理机构和不同投资者的需求进行了修正完善。其中，在均值—方差模型框架内进行修正的有：夏普（Sharpe）（1963）对均值—方差模型进行简化并提出"单指数模型"，大大降低了当组合证券数目较多时的运算量。模型假设组合中证券间彼此无关且各证券的收益率仅与市场因素有关，并据此推导出资本资产定价模型。随后夏普（1972）讨论了单指数模型中方差与收益之间的非线性关系，并通过二次规划求解发现组合的标准差随组合中证券数目增加由非线性逐渐趋于线性。毛（Mao）（1970）首先讨论了"均值—下半方差"模型，在收益分布对称的情况下，下半方差刚好是方差的一半，这符合投资者在期望收益两侧的风险感受不对称的事实，但"均值—下半方差"有效前沿与"均值—方差"有效前沿完全一致。雅各伯（Jacob）（1974）认为对于一般投资者由于资金的限制及固定交易成本的考虑，多半趋向选择投资基金或少数几种股票，而基于夏普（1997）进行组合风险的分散需要较大规模的投资组合，于是他提出了针对小额投资者的"限制资产分散模型"，求解了在单指数模型中加入投资股票的数目限制下最优组合问题。他同时认为，在考虑交易成本的情况下，若投资者接受一部分非系统风险，可使考虑交易成本下的收益大于组合充分分散的收益。风险价值理论及模型在20世纪90年代被引入到组合的风险管理中。对风险价值模型的理解和认识，一般认为是在一定的期间内，在一定置信水平或概率条件下，单个头寸或组合潜在的最大损失（Joroin，1998；Sironi 和 Resti，1997；Luciano，1998）。毛瑟（Mausser）和罗森（Rosen）（2001）、杰罗因（2001）分别用历史模拟法和 Montel Carlo 模拟法估算了满足风险价值模型条件下的资产组合选择优化问题。

基于收益率分布特征视角的均值—方差模型修正，今野（Konno）和铃木（Suzuki）（1995）最早给出均值—方差—偏度模型，此模型以投资组合的预期收益以及绝对方差作为限制条件，以投资组合的偏度最大值为目标。若收益率的偏度为正值，即右偏，表示投资这种产品获得收益的可能性较大，且发生损失的可能性较小；若收益率的偏度为负值（左偏），则进行这类证券的投资发生损失的可能性较大，而获得收益的可能性较小。因此，一般理性投资者会选择具有右偏态的股票或投资组合。阿赛德（Athayde）和弗洛雷斯（Flores）（2002）考虑了非对称分布条件下的资产配置状况，在前两阶奇数矩限定的情况下，分别最小化方差与峰度并将其推广到最小化任一奇数矩。萨胡（Sahu）（2003）提出偏正态分布来衡量高阶矩的影响，能充分考虑偏离与协偏度，同时处理“肥尾”的影响。坎贝尔（Campbell）等人（2004）用偏正态分布估计高阶矩的影响，用 Bayesian 方法处理收益分布的参数不确定性情况，在上述基础上处理最优化问题。杰多（Jondeau）和罗经格（Rockinger）（2005）考虑收益率的联合非正态分布和时变特征，包括了波动聚集性、非对称和“肥尾”特征，将期末期望收益泰勒展开并取前四阶高阶矩，运用一阶条件来最优化资产配置。

基于流动性视角的修正，阿米胡德（Amihud）和门德尔松（Mendelson）（1986）、雅各比（Jacoby）（2003）等利用相对买卖价差比率作为流动性的度量指标，提出了流动性调整的 CAPM 模型。雅各比（2002）还考察了收益经流动性调整后的均值—方差模型。

此外，一些学者在贝尔曼(Bellman)和方(Fang)(1970)提出模糊决策理论的基础上，将流动性与组合投资选择进行结合，如阿里纳斯(Arenas)等(1990)同时考虑收益、风险和流动性，利用一个模糊目标规划的方法来解决组合选择问题。方(Fang)等(2006)在李(Li)等(2000)也提出一个将流动性作为交易成本时最优化组合选择的线性规划方法的基础上，结合模糊决策理论，将流动性作为交易成本，通过线性规划的方法讨论了考虑流动性作用下的组合投资再平衡。

除金融领域外，国外学者还将投资组合理论应用于电力、环保、能源等方面。埃里克(Erik Ddlarue)等人(2011)将投资组合理论应用于电力部门，提出了一种投资组合理论模型，明确区分了装机容量、发电和实际瞬时功率传递，从而使风电和传统电力工厂的斜坡限制准确地被包括在投资最优化中。普拉特利(Prattley)等人(2007)将投资组合理论用于动物数量监控资源的分配上，在一定的风险程度和不确定性的情况下，针对每一种疾病或者每一块区域在一定时期内进行最适当水平的资源投入。阿尔内萨诺(Arnesano)等人(2012)将投资组合的扩展模型应用于意大利的能源生产，在真实的能源组合、假设使用核技术和未来可能出现几种改进的技术三种不同的情况下，分别做了相对应的能源组合方案分析。布朗(Brown)(2010)应用现代投资组合理论来管理零售业态的组合，主要是将现代投资组合理论用在三个突出的酒店公司，通过使用平均客房收入作为投资回报的代用品，在他们酒店的品牌组合里构建理想的业态组合。吴(Wu)等人(2009)使用投资组合理论和参差值方法，对比和分析了原油和石油产品进口的供应、价格和运输风险，最后得出了相应的结论。胡(Hu)等人(2012)将金融工程领域投资组合理论的一些观点用来处理作为风险资产来投资的再生能源。这是一个系统的方法，在抵消风险的同时将回报最大化。朱(Zhu)和方(Fang)(2010)应用投资组合理论来评估中国的生产技术 2020 年中期规划和生产组合。法比安(Fabien)等人(2010)采用 5 个欧洲国家(奥地利、丹麦、法国、德国和西班牙)的历史风电数据,应用投资组合理论来确定在一定产能水平下,使减小风电产能的整体方差最小化的跨国家投资组合。黄(Huang)、吴(Wu)(2008)将投资组合理论应用于传统的电力规划,并且将台湾地区作为案例来分析。马(Ma)(2011)从风险投资企业的角度,应用专家评估法,以投资组合理论和二次规划来研究理智的财产风险投资组合的最优化,通过案例分析证明了模型的合理性和灵活性,同时为风险投资公司最优化他们的投资组合提供了相关理论。

国内关于投资组合理论的研究并不多,而且大部分集中于金融领域。李全民(2002)选取了 8 只具有典型代表意义的证券投资基金,然后用现代投资组合理论分析投资基金的业绩。冯志英和曾小平(2002)基于马科维茨(Markowitz)有效投资组合理论,实证分析了我国资本市场资产组合的有效性问题,并根据计算结果,定性地论述了我国资本市场资源配置的有效性问题。林辉平等(2001)论述了马科维茨资产组合选择理论在复合套期保值中的应用,并用投影算法求解了一个实例。陈永武(2002)在马科维茨的均值—方差分析体系下,以投资人的风险分析和风险控制为主线探索现代投资组合理论在我国股票市场的应用。赵陵(2001)以现代投资组合理论的主要内容为研究对象,系统分析了投资主体不确定条件下的资产选择行为、资本市场的有效性、均衡条件及定价机理等问题,并结合计量经济学的研究成果,对现代投资组合理论的实证方法进行了改进。刘铁锤(2005)介绍了投资组合理论在我国的研究情况,分析卖空在模型中的作用,求解不允许卖空条件下含风险证券和无风险证券的马科维茨模型的树形算法。周好文和王菁(2008)利用投资组合理论对我国12家商业银行1999—2006年的样本数据进行分析,发现非利息收入存在较强的波动现象,同时指出一旦多样化收益锐减或者消失,非利息收入较强的波动性必然加剧整体收入水平的波动幅度,不利于商业银行的稳健经营。徐丽梅、吴光伟(2007)将流动性考虑到证券投资组合构建中,通过构造"稳健因子"来构造收益、风险和稳健因子的三维投资组合,实证检验得到引入"稳健因子"的三维组合比以"收益"和"风险"所构造的二维组合在收益提高、风险控制方面具有一定的优势。吴卫星等(2007)也考虑了流动性与投资组合相异性的问题,但他们主要是通过考察居民持有的非流动性资产来进行研究。陈扬和范东君(2008)基于RAROC风险管理理念和风险资产组合与无风险资产组合理念对商业银行风险容忍度进行测算。测算结果表明,商业银行对风险资产组合放贷越多,其所要求的风险容忍度也就越高,所期望的收益也越多,反之则反是。商业银行应根据中小企业的特点和自身的风险管理能力,在发展的初期阶段设定一个相对合适的风险容忍度。陈荣峰(2009)通过考虑各种外汇产品相关性情形下,利用投资组合理论对外汇理财产品组合进行定量分析,从而说明如何通过更加合理的外汇组合来规避风险,提高收益。毕东(2013)详细介绍了如何将Black-Litterman资产配置模型应用在我国股票市场的行业资产配置中,并重点阐述了在均值—方差模型基础上加入投资者观点的B-L资产配置模型的建模思路及参数估计方法;首次尝试在安全第一准则下建立均值—半方差投资组合模型,给出了模型最优解的解析式,并试图将期望效用最大化的概念引入到均值—半方差问题中。王伟等(2014)对现有的风险度量理论与方法进行了简单的评述,提出了不完全信息市场下二阶随机占优理论及其在证券投资组合风险模型中的应用,构建了二阶随机占优投资组合风险优化模型。该模型不需要对投资者的效用函数及风险资产收益的分布做任何假定，就可以确保风险厌恶投资者所做的选择都会随机占优于一个基准值，从而避免高风险投资。最后，进行了二阶随机占优投资组合风险优化问题的实证研究。隋云云等(2014)在考虑组合投资收益与风险受市场流动性影响等因素的条件下，提出了一种带有模糊流动性约束的投资组合模型，并利用可能性理论将其转化为二次规划模型，得到该模型的解。通过实例证明：在不确定的金融资本市场，投资者可根据此模型来选择自己的投资组合，使有限资源得到最大限度利用。高振斌(2015)针对证券投资中存在的不确定性，采用模糊理论中的三角模糊数，解决投资收益率最大与风险损失率最小的双目标模糊优化问题。在模糊数水平给定的情况下，将此问题转化为三个单目标的问题：净收益最大化模型、最大风险最小化模型、风险偏好下的风险收益模型。采用可能度的概念，得到相应的三个单目标清晰形式的线性规划模型。

此外，投资组合理论应用的其他领域主要有：郝寿义和高炽海(1998)介绍了美国养老基金投资房地产的情况及其理论依据，然后结合我国的实际，就养老金和养老保险基金投资房地产的问题进行探讨，从资金需求和资金时期结构两方面指出中国房地产业需要养老保险基金及养老基金的加入。王震和王恺(2008)利用马科维茨的资产组合模型对石油天然气工业上游勘探开发领域的风险分散问题进行了模拟决策。他们在油气行业实际假设的基础上，建立了一种改进的油气勘探开发马科维茨决策模型，然后利用模拟数据，分别得到了单个项目投资最大额有、无限制两种假设下的油气勘探开发决策有效前沿，最终的研究结果表明投资组合理论可以应用到油气勘探开发投资决策中。李冉冉(2013)将投资组合理论应用于中国能源结构的优化，综合考虑了可再生能源成本的学习曲线效应以及化石能源的成本随时间增加的特性，对中国未来的能源结构做出预测和分析。蔡一鸣(2006)试图借鉴现代投资组合理论的思想,运用相对方差来衡量风险,构造了出口市场组合模型,用于定量分析多元化战略中的"市场多元化"问题,为降低我国产品出口所面临的市场风险提供理论指导。张坤(2011)根据投资组合理论提出一个全新的建设和谐社会的路径,即增进社会的多样性,证明通过增加生产和经营方式的多样性可以实现社会和谐与环境和谐,通过增进产业的多样性可以实现产业和谐和区域和谐。最后得出结论,根据投资组合理论,增进社会多样性可以实现一个地区的和谐,进而实现一个国家的和谐。李小花和劳本信(2010)运用投资组合理论来解释供应商组合对分散供应链风险和控制供应链危机所起的作用,并在分析供应商期望收益和风险控制的基础上,通过选择一定数量的供应商和合理分配采购额的比例,企业可以找到供应商组合的效率前沿。徐民(2007)将现代投资组合理论引入房地产投资领域,建立了房地产投资组合模型:均值方差模型、以 β 为测度的投资组合模型,并对两个模型进行了求解。然后,将地理区域分散化策略与单一投资方式以及幼稚投资方式,进行了比较,并对于均值方差模型进行了案例研究。李凯(2012)根据中国房地产市场的特点,基于资产组合与效用函数理论,从房地产需求入手,探讨政府宏观调控政策调控房地产市场的有效性,并且根据实证模型的结果和对目前市场主要困局进行解读,提出政策改进的建议。范英明(2012)以中国 2011 年的入境旅游客源市场为例,对中国 2011 年的主要客源国市场组合进行优化,得出了 2011 年中国入境旅游市场的最优组合;同时预测中国主要的客源国市场 2015 年的人数,然后应用投资组合理论对 2015 年中国的入境旅游市场组合进行优化,得出中国 2015 年的最优市场组合,同时尝试以外汇收入为目标对中国入境旅游市场组合进行优化,并针对如何实现 2015 年中国入境旅游市场最佳组合提出了相应的对策和建议。施泉生(2008)从风险价值的概念及投资组合理论在购电风险分析中的应用入手，根据华东电力市场第二次调电试验数据，分别把峰段和谷段的购电成本视为一种资产组合，并根据其风险价值进行了购电成本波动分析。程冬和刘欣(2009)将发电商在电能市场和备用市场的能量分配策略看成投资者对风险资产的投资组合策略，运用马科维茨的均值—方差分析理论建立了相应的分析模型，通过对模型的求解，最终得到了发电商的最优能量分配策略。李冉冉等(2014)将投资组合理论应用于中国发电组合优化，结合可再生能源电价补贴研究了不同水平电价、碳税下优化的发电组合，并且满足了优化的发电组合中峰荷电源达到最低标准10%。最后，评价了中国2011年部分省的发电组合水平现状，并对低效的发电组合给出了优化建议。

除上述领域外，投资组合理论还被应用于物流业，主要集中在存货质押融资业务上。齐二石等(2008)考虑了组合仓单质押融资业务中多品类质押存货价格变动率服从正态Copula分布情形下，银行在组合仓单质押融资业务中以最小化贷款成本为目标函数的最优质押率决策。孙朝苑等(2011)假设静态质押模式下组合质押存货的价格变动相互独立并服从对数正态分布，构建质押率决策模型并对其影响因素进行分析。韦燕(2011)在存货组合质押模式下，首先分别考虑了当双品类质押存货价格变动相互独立和负相关两种情形下银行实现期望利润最大化的最优质押率，通过对比研究发现，银行倾向于鼓励借款企业利用价格变动负相关的存货申请组合质押贷款，这样银行在保证利润、降低风险的同时也通过质押率的增加提高了借款企业进行存货组合质押贷款的热情。然后进一步分析了质押率与银行贷款利率、借款企业违约概率、组合质押存货价格变动相关系数以及质押周期等因素的关系。刘俣豪(2012)引入了风险价值的概念并比较了风险价值模型(VaR)的多种计算方法。在此基础上,运用历史模拟法分别计算了样本质物长江1号铜与天然橡胶的价格风险值,以及由两种样本质物组成的质押组合的价格风险,用回顾测试方法对不同条件下的计算结果进行检验、比较与分析。曹阳(2012)从供应链的角度,对资金约束供应链的系统融资模式进行概述,比较了不同融资模式的融资优势,以确定最有效的融资模式作为系统融资解决方案,然后根据不同类型节点企业提出了各自融资组合优化模式。李富昌等(2013)从价格波动的随机性和不可预见性、组合性和复合性、相互影响和相互干扰、存货组合质押清算策略的鲁棒性和滞后性等方面分析基于价格波动的存货组合质押最优清算中存在的问题。同时,从价格监控和价格预测,单个价格和组合价格的关系,价格的系统变化、随机变化和相互干扰,提高存货组合质押清算策略的鲁棒性、时效性等方面提出相应对策建议。何娟等(2013)基于马科维茨风险分散理论,从金融时间序列一般规律出发,分析价格随机波动现货质物的收益率统计特征,模型化收益率序列尖峰厚尾、波动集聚性和自相关特性,建立刻画质物组合间非线性相关结构的卡布拉—格兰杰(Copula-GARCH)二族模型,研究不同秩相关系数下两组质物组合对数收益率间的条件相关性,通过样本外滚动预测方法进行动态组合风险价值模型预测;构造模拟生成新质物组合的数据生成方法,拓展研究不同相关性对组合风险价值模型的影响;提出长周期预测视角中考虑资金成本的动态质押率模型效率损失检验以及基于Kupiec模型精度检验全面回测模型。李富昌等(2014)以中小型企业为研究对象,将阶段贷款方法纳入到存货组合质押过程中,建立基于阶段贷款方法的存货组合质押风险控制理论模型,从最优阶段数、各阶段贷款数量、放款条件、贷款企业道德风险、分阶段贷款撤销机制等方面,分析了将阶段贷款方法引入到存货组合质押风险控制中所存在的困难，并据此提出应有效规避道德风险，以风险最小化原则确定贷款阶段数，各阶段放款量应兼顾银行风险和贷款企业生产经营状况，综合各指标确定放款条件，建立完善的激励机制，科学设置贷款撤销机制。张云丰等（2014）针对目前存货质押实践中的多存货组合质押现象，提出以损失额最小作为存货质押先后顺序的原则，并对影响损失额的各种因素进行分析，建立多种存货组合质押线性规划模型。随后，给出一个模拟算例，展示组合质押决策过程，为中小企业开展存货质押融资业务提供参考。张云丰等（2015）致力于探讨存货组合与循环质押融资的决策问题。首先制定存货组合质押与循环置换的规则，然后根据规则分别建立相应的线性规划函数，并通过算例进行数值分析，演示存货组合与循环质押融资决策过程，为广大融资企业开展存货质押融资业务提供借鉴。另外，匡海波等（2014）在质押贷款期权原理、低碳控制原理、质押风险控制原理和信用风险控制原理的基础上，借助看跌期权反映港口质押贷款组合收益，构建港口和客户碳排结构约束，界定单笔港口货类质押贷款的风险价值模型质押率和港口货类质押贷款组合平均信用风险控制条件，建立了低碳转型下的港口物流质押贷款组合优化决策理论模型，解决了现有研究聚焦单笔港口货类质押贷款理论而忽视组合质押贷款同类风险的集聚以及低碳转型约束等弊端。

第三节　现有研究评价

自1999年中国物资储运总公司与银行联手开发第一笔存货质押模式的物流与供应链金融业务以来，存货质押融资业务在我国呈现跨越式发展。2005年11月中央公布的《中国信贷人权利的法律保护》报告明确指出，存货质押贷款是解决中小企业融资难问题的有效渠道。存货质押融资相关的理论研究正在逐步完善，但同时也存在着需要加强研究的领域。从以上的文献回顾中可以看出，国外的学术研究主要集中在对存货质押融资的业务模式、仓储和监管方式、业务流程和法律氛围等定性层面的分析，而定性方面的研究也主要是在质押融资业务定价、质押率以及融资企业的库存决策等方面，对存货组合质押业务方面的研究很少。

国内对存货质押业务的研究成果比较丰富，从最初主要对其概念、产生背景、业务模式、运作流程、风险控制等方面进行研究，到现在对设置质押率、构建风险度量模型等定量研究，然而对存货质押融资业务的定量研究主要都是针对单品类，对多品类组合质押融资业务的研究还比较少，对多品类组合质押物选择、组合质押率设定、完善组合质押动态优化机制及组合优化模型等方面的研究更少，未来我们可以从上述方向去弥补存货质押业务研究的不足。

第二章　投资组合理论

现代投资组合理论的创始人、美国经济学家马科维茨（Harry M. Markowitz）于 1952 年 3 月在《金融杂志》上发表了一篇名为《证券组合选择》的论文，并在 1959 年出版其同名专著，文中详细阐述了证券收益与风险的主要原理及其分析方法，同时建立了均值—方差证券组合模型的基本框架。[①] 马科维茨的证券投资组合理论认为，投资者是风险规避的，他们是在追求高的预期收益的基础上进行投资的，同时在没有相应的预期收益补偿情况下不愿承担额外的风险。马科维茨依据投资风险分散原理，引用二维规划的数学分析方法，向我们展示了如何建立投资组合的有效边界，使有效边界上的各个组合在某一风险水平下收益最大化，或者在收益给定的条件下风险最小化。另外，马科维茨认为，证券投资组合的风险不仅取决于构成组合的各种证券的个别风险，而且还取决于各证券之间的相互影响关系。

马科维茨在证券投资组合理论中思考了这样一个问题：如果一位投资者为减少风险，对多种股票证券进行组合并投资，何种投资组合将是最优的？

由此，马科维茨将投资组合的价格变动作为随机变量，以其均值衡量收益，以其方差衡量风险（因此马科维茨理论又被称为均

---

① Markowitz, H. M., "Portfolio selection", *Journal of Finance*, Vol. 7, No. 1, Spring 1952, pp. 77-91.

值—方差分析)；将组合中各证券之间的比例作为变量，则求收益一定而风险最小的证券投资组合问题就被视为一个线性约束情况下的二次规划问题；再依投资者的偏好，就可以得到投资决策。

第一节　马科维茨投资组合理论的基础

一、基本假设

第一，展现在每位投资者面前的每一项投资是在每一段时期上的期望收益的概率分布，即投资者用期望收益的概率分布来描述每一项投资；

第二，投资者为理性人，在不满足和风险厌恶假设情况下，追求单期效用最大化，同时效用函数的边际效用递减；

第三，投资者以期望收益的波动性来预计投资的风险；

第四，投资者只依靠预期的投资收益和风险来做出投资决策，则效用函数仅是预期收益和风险的函数；

第五，投资者在预期风险给定的情况下，偏好更高的期望收益，同时，在预期收益给定的情况下，偏好更低的风险；

第六，市场是完全竞争的，也就是市场上不存在交易费用和税收，商家可以自由进入、退出市场，市场上的所有参与者都是价格的接受者，市场信息是对称的，市场上资产是可以完全分割的。

二、基本概念

(一)单一证券的收益和风险

1. 收益

针对某一单个证券，在给定期限内的投资收益等于得到的红利与其相应的价格变化总和，因此给定期限内的投资收益为：

$$r = \frac{\text{价格变化} + \text{现金流(如果有)}}{\text{持有期开始时的价格}} = \frac{P_t - P_{t-1} + CF}{P_{t-1}} \tag{2-1}$$

投资者在期初进行证券投资决策时,仅仅只是知道期初价格,而红利以及期末价格都是未知的;在股利政策等条件下,假定股利发放遵循稳定的规律,故在应用上述公式时,最大障碍则是期末价格的不确定性;如果证券的期末价格被假定为随机变量,则该期限内的证券投资收益也必定是一个随机变量。

假设投资者在期初时已假定或预测了该投资期限内的证券投资收益的概率分布;针对投资收益的概率分布的具体形式,加上投资者掌握的信息集合以及其自身形成预期时采用的各种程序,将证券投资收益视为随机变量。

任一资产的预期收益率为收益率的加权平均,用每一预期收益发生的概率 p 进行加权。即预期收益率可表述为各个收益率与其对应的概率的乘积之和。

$$E(r) = \sum_{i=1}^{n} p_i r_i = p_1 r_1 + p_2 r_2 + \cdots + p_n r_n \tag{2-2}$$

p_i 为第 i 个收益率发生的概率;$r_1, r_2, \cdots, r_n$ 为每项证券投资可能的收益率。

资产的风险用资产收益率的标准差(Standard Deviation)和方差(Variance)来度量。

2. 风险来源

市场风险(Market Risk):来自牛市和熊市两者之间的转换。

利息率风险(Interest-rate Risk):由市场利息率变化导致的投资者收益率的不确定性。

购买力风险(Purchasing-power Risk):由通货膨胀所引起的投

资者收益率的不确定性。

管理风险(Management Risk):因发行者制定的管理决策的好坏而引起的收益率的不确定性。

信用风险(Credit Risk):因企业的违约或破产的可能性而导致的收益率的不确定性。

流动性风险(Liquidity Risk):因要快速将资产卖出而造成价格折扣及佣金成本变动风险。

保证金风险(Margin Risk):因借入资金(保证金)导致的收益率变动风险。

可赎回风险(Callability Risk):由发行人可能会在证券到期日之前就将证券赎回而带来的收益率的不确定性。

可转换风险(Convertibility Risk):由于投资者所投资的债券或优先股可能会转换成发行公司的普通股所引起收益率变动的风险。

外国风险(Foreign Country Risk):外国投资者所遭遇的因东道国对非居民资产的没收、高额的税收和差别关税待遇、因外国的敌对而导致的无法赔偿的资产毁坏、获得信息的困难程度以及其他各种因跨国公司的特性导致的收益率的不确定性。

国内政治风险(Domestic Political Risk):因监管的环境、各个地方要求条件、当地费用、当地许可证及其地方税收等各个方面的变化所引起的收益率变动的风险。

行业风险(Industry Risk):影响竞争公司的各种事件所造成的收益率的不确定性。

(二)投资组合:影响一个人未来前景的全部决策

通常所说的投资组合是由各种证券构成,而一种证券是一个影响着未来的决策,各类决策的整体就构成一个投资组合。

(三)投资组合的收益和风险

投资组合的收益率即构成投资组合的各种证券收益率的加权

平均数。其中,投资比例视为权数。

假设投资者 k 在第 t 期投资于 n 种证券的权重向量为 $\omega_t = (\omega_1, \omega_2, \cdots, \omega_n)^T$,$\omega_i$ 为投资组合中第 i 种证券当前市场价值在组合中所占的比重(即投资于第 i 种资产上的财富份额,且 $\omega_1 + \omega_2 + \cdots + \omega_n = 1$)。

马科维茨组合收益率集:设 $r_1, r_2, \cdots, r_n$ 为 n 种证券的收益率,全为方差有限的随机变量。下列集合 R_1 中的元素即为这 n 种证券的组合收益率:

$$R_1 = \{r = \omega_1 r_1 + \omega_2 r_2 + \cdots + \omega_n r_n \mid r_i \in \mathbb{R}, i = 1, 2, \cdots, n; \sum_{i=1}^{n} \omega_i = 1\} \tag{2-3}$$

(收益率为 r 的 n 个随机变量的资产组合同样为随机变量。)

表 2-1 证券和证券组合的值

证券类别	在证券组合中的股数	每股的初始市场价格	总投资	在证券组合的初始市场价值中的份额
A	100	40 元	4000	4000/17000 = 0. 2325
B	200	35 元	7000	7000/17200 = 0. 4070
C	100	62 元	6200	6200/17200 = 0. 3605
总的份额=1. 0000				

表 2-2 利用期末价格计算证券组合的期望回报率

证券名称	在证券组合中的股数	每股的期末预期价值	总的期末预期价值
A	100	46. 48 元	46. 48 元×100 = 4648 元
B	200	43. 61 元	43. 61 元×200 = 8722 元
C	100	76. 14 元	76. 14 元×100 = 7614 元
证券组合的期末预期价值 W_1 = 20984 元,证券组合的期望回报率 r_p = (20984−17200)/17200 = 22. 00%			

表 2-3　利用证券的期望回报率计算证券组合的期望回报率

证券名称	在证券组合中的股数	证券的期望回报率	在证券组合的期望回报率中所起的作用
A	100	16.2%	0.2325×16.2% = 3.77%
B	200	24.6%	0.4070×24.6% = 10.01%
C	100	22.8%	0.3605×22.8% = 8.22%
证券组合的期望回报率 r_p = 22.00%			

三、投资组合的预期收益和预期风险

依据马科维茨投资组合理论的前提假设可知，投资者们仅依靠投资的预期风险和预期收益做决定。下面对预期风险和预期收益的计算方法进行介绍。

（一）预期收益

预期收益率为将来可能收益率的期望值，又称为期望收益率。

1. 单一证券的预期收益

某一种证券 i ，其在未来有 s 种状态，那么此证券 i 的预期收益为：

$$E(r_i) = \sum_{s=1}^{N} r_{is} p_s \tag{2-4}$$

式中，$E(r_i)$ 为期望收益率；

p_s 为状态 s 发生的概率；

r_{is} 为状况 s 发生时证券 i 的收益率；

N 为各种可能状况的总数。

2. 证券组合的预期收益

在对某单一证券的期望收益率有了了解之后，就可以得到证券组合的期望收益率。r_p 为包含在投资组合中各种资产的预期收益的加权平均数，其可表述为：

$$E(r_p) = \sum_{i=1}^{N} x_i E(r_i) \tag{2-5}$$

式中，$E(r_p)$ 为证券投资组合的期望收益率；

$E(r_i)$ 为投资组合中证券 i 的预期收益；

x_i 为投资组合中证券 i 所占的比重，即权数；

N 为投资组合中证券的种类。

因各种证券在某一时期后的期望收益率与实际收益率可能不相同，因此证券组合的期望收益率与实际收益率也可能会不相同，从而需要考虑证券组合的风险。

（二）预期风险

风险自身有多种含义，并随着时间的推移，其含义也不断地发生变化。在马科维茨投资组合理论中，将风险视为投资收益率的波动性。投资收益率的波动性越大，投资的风险相应越高。我们通常用标准差或方差来表示收益率的波动性。

标准差代表各种可能的收益率偏离期望收益率的综合差异程度，是衡量证券收益风险程度的重要指标，标准差越大，证券的风险也越大。

1. 单一证券 i 的预期风险

其标准差和方差的计算公式如下：

$$\sigma_i^2 = \sum_{s=1}^{N} [r_{is} - E(r_i)]^2 p_s \tag{2-6}$$

$$\sigma_i = \sqrt{\sum_{s=1}^{N} [r_{is} - E(r_i)]^2 p_s} \tag{2-7}$$

式中，σ_i^2、σ_i 分别为证券 i 的方差和标准差；其他符号的含义如同上述预期收益的计算公式。通常情况下，期望收益率相同的情况下，证券 i 的标准差或方差越大时，其风险也就越大。

2. 证券组合的预期风险

(1)协方差

证券投资组合的风险不仅取决于每种证券的风险，而且还受证券之间相互关系的影响。通常,用协方差来表示证券之间相互影响产生的收益的不确定性。协方差是一种用来衡量两个随机变量比如证券 i 和证券 j 的收益率之间的互动性的统计量。如果 σ_{ij} 为证券 i 和证券 j 之间的协方差,则:

$$\sigma_{ij} = \sigma_{ji} = E[(r_{is} - E(r_i))(r_{js} - E(r_j))] \tag{2-8}$$

如果证券 i 和证券 j 之间的协方差为正值,表明这两种证券的收益率偏向于同一方向变动,也即某种证券的期望收益率低于实际收益率的情形可能伴随着另一种证券相同的情形发生。如果证券 i 和证券 j 之间的协方差为负值,则表明这两种证券之间存在着某种反向的变动关系,即其中某种证券收益率增加可能伴随着另一种证券收益率的减少。如果协方差相对较小或为零,则表明此两种证券收益率之间存在着很小的互动关系或不存在任何互动关系即相互独立。证券组合的风险随着证券之间的协方差越大而越大。

(2)相关系数

相关系数是代表两种证券之间收益互动性的另一统计量。假定 σ_i 和 σ_j 分别为证券 i 和证券 j 的收益标准差,σ_{ij} 为两种证券之间的协方差,则其相关系数 ρ_{ij} 可表示为:

$$\rho_{ij} = \frac{\sigma_{ij}}{\sigma_i \sigma_j} \tag{2-9}$$

相关系数 ρ_{ij} 在 $-1 \leqslant \rho_{ij} \leqslant 1$ 的范围内变动。其中,$\rho_{ij} = -1$ 表示两种证券的收益结果有着完全不相同的变动方向,称为完全负相关;$\rho_{ij} = 1$ 表示两种证券收益结果有着完全相同的变动方向,称为完全正相关;$\rho_{ij} = 0$ 表示两种证券收益结果不存在任何变动关系;当相关系数 ρ_{ij} 在 $(-1,0)$ 范围内,表明两种证券收益结果存在相反的变动方向,但并不是百分之百地完全相反,而只是存在一般性的负相关关系;当相关系数 ρ_{ij} 在 $(0,1)$ 范围内,则表明两种证券收益结果存在相同的变化方向，但此时也不是百分之百地完全相同，而只是存在一般性的正相关关系。另外需要知道，相关系数 $\rho_{ij}=0$ 时，证券 i 和证券 j 不相关，这里仅仅表明证券 i 和证券 j 不存在线性相关关系，但是并不能排除证券 i 和证券 j 还有其他一些形式（即非线性）的相关关系。

通常来说，当两种证券之间的相关系数 $\rho_{ij}<0$，进行组合后，投资风险可能会降低，而当它们之间的相关系数 $\rho_{ij}>0$，进行投资组合后，可能会加大风险。

（3）证券组合的方差和标准差

投资组合的预期风险 σ_p^2 可表示为：

$$\sigma_p^2=\sum_{i=1}^{N}\sum_{j=1}^{N}x_i x_j \sigma_{ij} \tag{2-10}$$

标准差 σ_p 就可表示为：

$$\sigma_p=\sqrt{\sum_{i=1}^{N}\sum_{j=1}^{N}x_i x_j \sigma_{ij}} \tag{2-11}$$

式中，当 $i\neq j$ 时，σ_{ij} 表示证券 i 和证券 j 收益的协方差，表明了两种证券的收益在一个相同周期中变化的相关程度，其中 x_i、x_j 表示证券组合中证券 i、证券 j 所占的比重。

第二节　证券投资的有效组合

在了解了证券组合的收益和风险以及各自的衡量方法后，应该选择何种证券组合才是最有效的呢？用另一句话说，投资者在面对着众多可以选择的证券时，如何进行组合，选择何种投资比例，才能在既定期望收益率下实现风险最小，或者在既定风险下实现期望收益最大？由此，我们引入马科维茨"期望收益率—方差投资组合模型"来解决证券的确定和选择问题。

一、无差异曲线

投资者在进行投资决策之前,会对自身风险收益的偏好程度进行衡量,这就需要引入无差异曲线。一条无差异曲线代表能给投资者带来相同效用量的一系列风险和预期收益的组合。对于投资者来说,同一条无差异曲线上的任一组合是无差异的。我们可以在期望收益率—标准差平面上表示出无差异曲线,其中横轴表示用标准差所测度的风险,纵轴表示用期望收益率测度的收益(见图 2-1)。

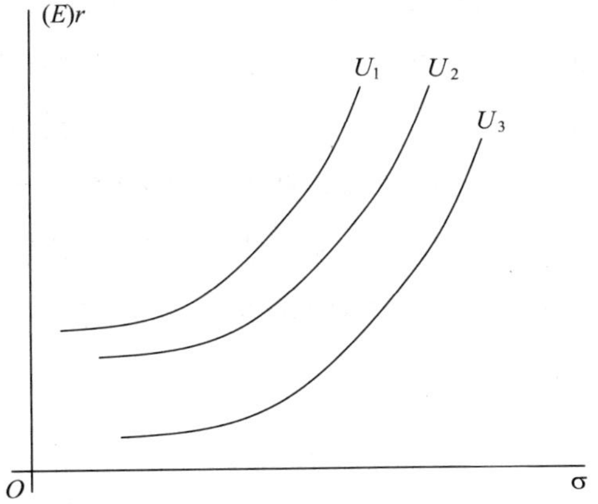

图 2-1　无差异曲线

无差异曲线表现出以下几个特点:

第一,每位投资者都拥有无数条无差异曲线,位于上方的无差异曲线所代表的效用水平高于下方的无差异曲线所代表的效用水平,这是由于在风险水平相同情况下,处于上方的无差异曲线提供更高的预期收益,换句话说,在相同期望收益率水平下,处于上方的无差异曲线的风险较小;

第二,每条无差异曲线都呈现上升的趋势,这是由于投资者是风险厌恶型的,如果想让他承担更大的风险就必须支付更高的收益去弥补；

第三，无差异曲线是下凸的，也就是说无差异曲线上升的速度是递增的，这表明投资者对它的厌恶程度是随着风险的增加而上升的，投资者就需要获得更多的收益才能弥补增加的每一单位风险；

第四，不存在两条相交的无差异曲线，这是因为不同的无差异曲线代表不同的效用水平，如果两条无差异曲线相交，意味着相交的一点拥有着相同的效用水平，很明显，这是矛盾的。

每一位投资者都拥有无数条无差异曲线，以此来表示他对期望收益率和标准差的偏好。这意味着投资者能够为每一可能的组合确定其期望收益率和标准差。同时，从无差异曲线中可以看出投资者对风险的厌恶程度，高度风险厌恶者所表现出的无差异曲线更陡峭一些，轻微风险厌恶者所表现出的无差异曲线就比较平缓一些（见图 2-2）。这是因为要让轻微风险厌恶者再多承担一单位的风险时，他要求收益的增加要小于高度风险厌恶者所要求增加的收益。

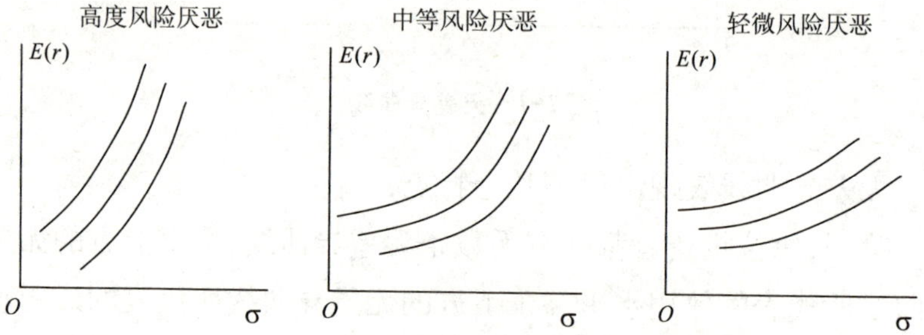

图 2-2　风险规避程度不同的投资者的无差异曲线

二、有效市场边界

无差异曲线可视为投资者对其自身风险收益的主观偏好，并将其作为评价各种资产组合收益和风险的指标,而下面将要介绍的有效市场边界就是投资者评价的客体。

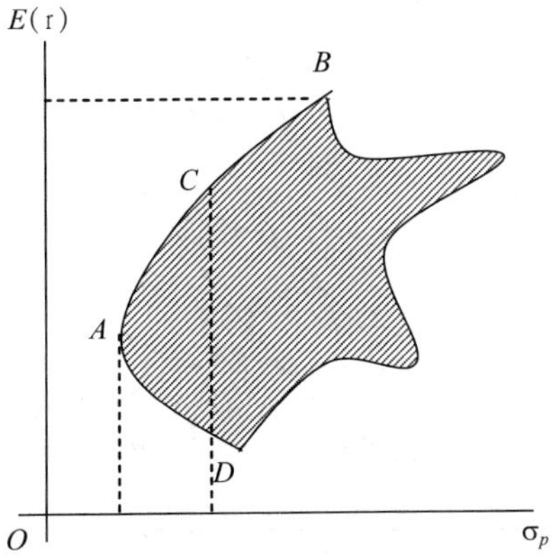

图 2-3 可行集

图 2-3 中的阴影部分为所有可能的证券组合,即可行集。我们是否需要考虑每一组合呢?答案是投资者只需要考虑可行集中的一个子集即可。一个投资者选择最优组合的原则是:

第一,对任一水平的风险,该组合带来最大的预期收益;

第二,对任一水平的预期收益,该组合所面临的风险最小。

满足上述两原则的组合被称为有效集,又称有效市场边界。由图 2-3 可知,A 点的标准差最小,即在可行集中风险最小,B 点的预期收益最大,有效市场边界是夹在 A、B 两点中间的边界部分,投资者往往只需要考虑这个子集。

三、最优投资组合的选择

从前面的分析可知,投资者在有效市场边界上进行投资可以得到最优投资组合,至于具体在哪一个点上进行投资,则取决于其对预期收益和风险的偏好。投资者可以结合有效市场边界和无差异曲线来进行最优投资组合的选择。如图 2-4 所示,投资者的无差异曲线和有效市场边界位于同一坐标系,两者的切点即是最优投资组合。

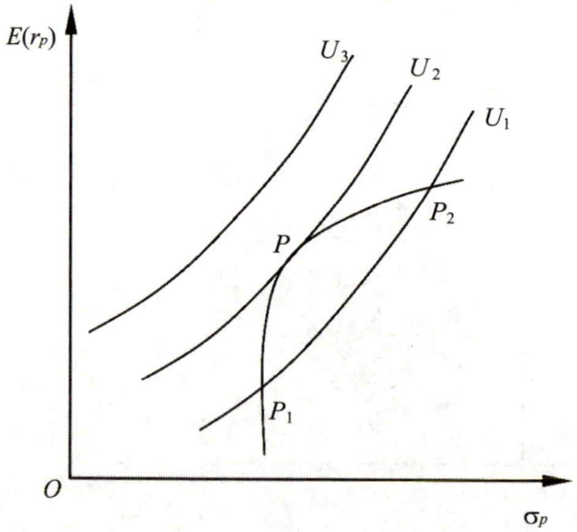

图 2-4　最优投资组合的确定

依据有效市场边界与无差异曲线的切点 P ,我们可以得到最佳组合点。虽然投资者更希望能实现 U_3 的水平,但是这条无差异曲线上的组合全分布于可行集之外,是无法实现的。图中的 P_1、P_2 虽然是无差异曲线 U_1 与有效市场边界的交点,但是因为 $U_1 < U_2 < U_3$,所以 P 点的效用比 P_1、P_2 点的效用高,其位于有效市场的边界上,即 P 点构成了多元证券组合的最佳组合点,同时由于无差异曲线是下凸的,有效市场边界是下凹的,这就保证了切点的唯一性。

第三节　马科维茨问题

一、马科维茨模型的数学表达式

马科维茨认为,投资者为达到收益和风险之间的平衡,需要找到最佳的证券组合,其在一系列严格的假设条件下,提出均值—方差模型。

假定某个投资组合中拥有 N 种不同的风险证券，其中，r_{it} 表示第 i 种证券的收益序列，E_i 表示第 i 种证券的期望收益率，σ_i^2 表示第 i 种证券的方差，$i = 1,2,\cdots,N$，x_i 表示第 i 种证券在投资组合中的权重，且

$$\sum_{i=1}^{N} x_i = 1 \tag{2-12}$$

投资组合的期望收益 E_p 和方差 σ_p^2 可表述为：

$$E_p = x_1E_1 + x_2E_2 + \cdots + x_NE_N = \sum_{i=1}^{N} x_iE_i \tag{2-13}$$

$$\sigma_p^2 = \sum_{i=1}^{N}\sum_{j=1}^{N} x_ix_j\sigma_{ij} \tag{2-14}$$

在(2-14)式中，当 $i \neq j$ 时，σ_{ij} 可视为证券 i 和 j 的协方差，而当 $i = j$ 时，$\sigma_{ij} = \sigma_i^2$ 为证券 i 的方差。故(2-14)式可写成：

$$\sigma_p^2 = \sum_{i=1}^{N} x_i^2\sigma_i^2 + \sum_{i=1}^{N}\sum_{\substack{j=1\\ j\neq i}}^{N} x_ix_j\sigma_{ij} \tag{2-14'}$$

由理性经济人的假设，马科维茨投资组合理论认为投资者在证券投资过程中总是力求收益一定，实现风险最小化；或者在风险一定的条件下，实现收益最大化。因此，他构建了下面两种单目标的证券投资组合模型。

模型(Ⅰ)组合收益 $E_p = E_0$ 已知：

$$\min\sigma_p^2 = \sum_{i=1}^{N} x_i^2\sigma_i^2 + \sum_{i=1}^{N}\sum_{\substack{j=1\\ j\neq i}}^{N} x_ix_j\sigma_{ij}$$

$$s.t.\begin{cases} \sum_{i=1}^{N} x_iE_i = E_p = E_0 \\ \sum_{i=1}^{N} x_i = 1 \\ x_i \geqslant 0, i = 1,2,\cdots,N \end{cases} \tag{2-15}$$

模型(Ⅱ)组合风险 $\sigma_p^2=\sigma_0^2$ 已知：

$$\max E_p=\sum_{i=1}^{N}x_iE_i$$

$$s.t.\begin{cases}\sigma_p^2=\sum_{i=1}^{N}x_i^2\sigma_i^2+\sum_{i=1}^{N}\sum_{\substack{j=1\\j\neq i}}^{N}x_ix_j\sigma_{ij}=\sigma_0^2\\ \sum_{i=1}^{N}x_i=1\\ x_i\geqslant 0,i=1,2,\cdots,N\end{cases}\qquad(2\text{-}16)$$

模型(Ⅰ)的意义在于：在期望收益 E_0 给定的情况下，实现投资风险最小。模型(Ⅱ)的意义在于：在可接受风险 σ_0^2 的条件下，实现期望收益最大。实际上，模型(Ⅰ)与模型(Ⅱ)是等价的，也就是说使用模型(Ⅰ)和使用模型(Ⅱ)所确定的最优组合投资策略的预期收益和风险必定符合期望收益率($E(r_p)$)-风险(σ_p^2)平面上的同一条曲线方程。在获得足够的数据之后，投资者再结合自己的投资特点以及对风险的偏好程度，通过对模型(Ⅰ)或模型(Ⅱ)选择来构建适合自己的投资组合，以求实现最优投资效果。

二、用 Lagrange 方法解马科维茨模型

求解模型(Ⅰ)和模型(Ⅱ)时，可采用拉格朗日乘数法。首先需要构造拉格朗日函数，以模型(Ⅰ)为例：

利用拉格朗日乘数法，构建拉格朗日函数：

$$L(x_1,x_2,\cdots,x_N,\lambda_1,\lambda_2)=\sum_{i=1}^{N}x_i^2\sigma_i^2+\sum_{i=1}^{N}\sum_{\substack{j=1\\j\neq i}}^{N}x_ix_j\sigma_{ij}+\lambda_1\left[\sum_{i=1}^{N}x_iE_i-E_0\right]+\lambda_2\left(\sum_{i=1}^{N}x_i-1\right)\qquad(2\text{-}17)$$

式中，λ_1、λ_2 为拉格朗日乘数。

对函数 L 求 $x_1, x_2, \cdots, x_N, \lambda_1, \lambda_2$ 的偏导数,并假定为零,得到:

$$\begin{cases} L_{x_1} = 2x_1\sigma_1^2 + 2x_2\sigma_{12} + \cdots + 2x_N\sigma_{1N} + \lambda_1 E_1 + \lambda_2 = 0 \\ L_{x_2} = 2x_1\sigma_{21} + 2x_2\sigma_2^2 + \cdots + 2x_N\sigma_{2N} + \lambda_1 E_2 + \lambda_2 = 0 \\ \vdots \\ L_{x_N} = 2x_1\sigma_{N1} + 2x_2\sigma_{N2} + \cdots + 2x_N\sigma_N^2 + \lambda_1 E_N + \lambda_2 = 0 \\ L_{\lambda_1} = x_1 E_1 + x_2 E_2 + \cdots + x_N E_N - E_0 = 0 \\ L_{\lambda_2} = x_1 + x_2 + \cdots + x_N - 1 = 0 \end{cases}$$

(2-18)

上述方程组中共有 $(N+2)$ 个方程和 $(N+2)$ 个未知数 $(x_1, x_2, \cdots, x_N, \lambda_1, \lambda_2)$,由函数解的性质可知,可以得到 $x_1, x_2, \cdots, x_N$ 的解,用通式表示如下:

$$x_i = a_i + b_i E_0, i = 1, 2, \cdots, N \tag{2-19}$$

其中, a_i 和 b_i 为解方程组所求得的常数。

采用拉格朗日乘数法,可以求得函数 L 的稳定点。在大多数情况下,其既是稳定点又唯一,故唯一的稳定点就是极值点。

在期望收益率 E_0 给定的情况下,可计算出 x_i 的值,从而得到在该期望收益率水平下方差 σ_p^2 最小时的证券投资组合。随着 E_0 值的改变,该期望收益率水平下方差最小的证券投资组合也随之改变。由此,依据不同的 E_0 值确定的证券投资组合形成的集合则为有效市场边界。

模型分析篇

第三章　基于质押物价值损失的存货质押融资研究

第一节　库存管理和融资决策研究的不足之处

学者们从各个角度提出了融资创新建议，比如，创建中小企业信用担保机构、逐步完善资本市场、颁布各种相关优惠政策等。然而这些方法并没有真正有效解决这一问题，只是在某种程度上缓解了中小企业融资难的问题。存货质押融资可以达到双赢的效果，具有很重要的现实意义，但其理论研究却相对滞后，主要表现为没有将金融决策问题与传统的库存决策问题两者结合起来。在过去的几十年时间里，虽然有大量的研究者对企业库存管理问题和融资决策问题进行了研究，但是很少将金融决策融入生产运营决策研究中。其中，莱德尔（Lederer）和辛格哈尔（Singhal）的研究最具决定性意义，他们在对生产投资决策进行研究时，对金融和技术选择的联合进行了考虑，研究结论为：在生产投资中引入金融决策可以给投资者带来更大的收益①；李（Li）等在需求随机且借贷无限额情况下，依据借贷、生产决策和股息分配方案之间的关系建

---

① Lederer, P.J., Singhal, V.R., "The Effect of Financing Decisions on the Economic Evaluation of Flexible Manufacturing Systems", *International Journal of Flexible Manufacturing Systems*, Vol. 6, No. 4, Summer 1994, pp. 333-360.

立模型[①]；伯奇(Birge)采用期权定价模型，在产能规划中融入了风险[②]；伯奇(Birge)和张(Zhang)运用风险中性定价理论，在库存问题中融入了风险[③]；布查考特(Buzacott)和张(Zhang)讨论了需求随机条件下，买方信贷的中小企业(即先有贷款，再有库存)，以全部的库存和现金作为质押物，向银行申请贷款，以求解决生产运营融资问题[④]；卡连特(Caldentey)和哈夫(Haugh)研究了经典斯塔克伯格模型中，金融市场是如何影响一般合同、套期保值弹性合同和弹性合同三种批发合同的设计和运作的，结果表明采用一般合同和弹性合同的零售商是不会进入金融市场的，而采用套期保值弹性合同的零售商通常会进入金融市场，从而减轻预算约束带来的一些负面影响[⑤]；古普塔(Gupta)和王(Wang)认为，交易信贷相似于一种基于时间递减的折扣条款，通过建立需求不确定条件下的连续模型和离散模型，设计出求解最优策略的算法，并证明了即使最优策略参数受到交易信贷的影响，最优策略结构也是不会受其影响的。[⑥] 通过梳理可知，上述的大部分文献都考虑到资金可得性问题，但是没有考虑质押物的损耗和第三方物流企业对质押

---

① Li, L., Shubik, M., Sobel, M. J., "Production with Dividends and Default Penalties", Working paper, Weatherhead School of Management, Case Western Reserve University, Cleveland, OH, 1997, p. 133.

② Birge, J. R., "Option Methods for Incorporating Risk into Linear Capacity Planning Models", *Manufacturing & Service Operations Management*, Vol. 2, No. 1, Spring 2000, pp. 19-31.

③ Birge, J. R., Zhang, R. Q., "Risk-neutral Option Pricing Methods for Adjusting Constrained Cash Flows", *Energy Economist*, Vol. 44, No. 1, Spring 1999, pp. 36-49.

④ Buzacott, J. A., Zhang, R. Q., "Inventory Management with Asset-based Financing", *Management Science*, Vol. 50, No. 9, Autumn 2004, pp. 1274-1292.

⑤ Caldentey, R., Haugh, M. B., "Supply Contracts with Financial Hedging", *Operations Research*, Vol. 57, No. 1, Spring 2009, pp. 47-65.

⑥ Gupta, D., Wang, L., "A Stochastic Inventory Model with Trade Credit", *Manufacturing & Service Operations Management*, Vol. 11, No. 1, Spring 2009, pp. 4-18.

物的监管带来的损耗节约。

质押物的价值会因损耗而降低，影响到银行的存货质押收益，甚至可能造成银行、零售企业和第三方物流商的经营风险和法律纠纷。将质押物损耗纳入存货质押融资业务研究是一个迫切需要解决的问题。本章引入质押物损耗，研究了在需求不确定的情况下，中小企业如何利用自身的资源开展存货质押融资业务，从而得出零售商的最优订货策略和银行收益变化规律。本章的余下部分结构如下：第二节建立了基于质押物损耗的存货质押融资模型；第三节分析模型，得出零售商和银行的最优策略选择原则；第四节总结结论。

第二节　模型建立

一、假设条件

借鉴文献[①]，假定第三方物流企业的生产函数为（第三方物流企业的生产函数是某一负值，其表示监管物的损失）：$z=(1-\mu)cq+\xi-Aaq,(z\geqslant 0)$，式中 z 表示质押物在周期 T 内的损失，a 表示第三方物流企业的努力水平，A 表示第三方物流企业监管能力的水平系数，其中包括了技术条件、仓储条件等；第三方物流企业越努力，其监管能力就越强，质押物的损失就会越少，则 $z'(a)\leqslant 0$；$1-\mu$ 为质押物的固定损耗率，$cq(1-\mu)$ 表示质押物的固定损失[②]；ξ 为因气候、温度、市场变化等外界因素给质押物带来的损

① 徐玖平、陈书建：《不对称信息下风险投资的委托代理模型研究》，《系统工程理论与实践》2004 年第 1 期，第 19 页。

② 汪贤裕、颜锦江：《委托代理关系中的激励和监督》，《中国管理科学》2000 年第 8 卷第 3 期，第 33 页。

失，并假定其服从正态分布。同时假设第三方物流企业从银行获得的报酬为：$\varphi = \omega + \beta(z(0) - z(a))$，式中 ω 表示第三方物流企业获得的固定支付，β（$0 \leqslant \beta \leqslant 1$）表示银行为激励第三方物流企业努力工作所支付的额外报酬系数（激励系数）。如果努力水平 $a = 0$，$z(0) - z(a) = 0$，则第三方物流企业无额外收入；如果努力水平 $a > 0$ 时，$z(0) - z(a) > 0$，理性的第三方物流企业会选择大于零的努力水平，以获得额外收入。

在下文中我们对银行和零售商的运营和融资决策进行着重分析，零售商和银行对第三方物流企业的激励和监管机制留待未来研究。

二、参与方期望收益分析

以 $(0,T)$ 为一个周期。设在0时刻，零售商除了拥有初始现金 y_0 外，无其他资产，零售商无法得知需求的确切值，只知需求 ψ 的概率分布为 $F(h) = \Pr\{\psi \leqslant h\}$，令 $\bar{F}(h) = 1 - F(h)$，$f(h) = F'(h)$，零售商和银行对需求分布具有相同的信念。初始现金为 y_0 的零售商从供应商处以成本 c 订购数量为 q 的产品，订货时支付足额 cq 的货款，零售商以存货为质押物向银行申请借款 v，支付订货款之后其拥有的现金结余 y' 为：

$$y' = y_0 - cq + v \tag{3-1}$$

零售商的借款只有满足 $y' \geqslant 0$ 或者 $v \geqslant \max\{0, cq - y_0\}$，才能足额支付货款。与此同时，只要下了订单，并在基于存货的借款限额 $\lambda = \gamma cq + \gamma_C y'$ 确定之后（当中 γ_C 和 γ 代表了银行对存货和现金的风险评估，众多情况下，$0 \leqslant \gamma \leqslant \gamma_C$，其原因在于持有存货的风险大于持有现金的风险），零售商的贷款数额必须满足 $v \leqslant \lambda$。银行的资金来源于储蓄者的存款，并承诺向储蓄者支付 α' 的利率。

伴随着时间的推移，零售商收到客户 ψ 单位产品订单，并在时

间 T 将这些产品运送到客户手里，客户需要立刻以单价 p 支付货款，其中未售完的产品以 c' 的单价低价处置，$c' < c$。故零售商得到的总支付为：

$$p\min\{\psi,(Aa/c+\mu)q\}+c'\max\{(Aa/c+\mu)q-\psi,0\} \quad (3\text{-}2)$$

零售商需要支付的银行本利和为 $v+\alpha v$，同时由于零售商在银行开具了用于保管现金结余的账户，他会获得 $\alpha' y'$ 的利息，假设 $\alpha > \alpha'$。由前面假设可知，零售商在时期 0 除了拥有现金余额 y_0 外没有其他资产，如果不能支付贷款本金和利息，零售商会面临破产。如果零售商创办的是有限责任公司，公司股东的责任是有限责任，其限额是股东的投资数额，此时他可能的损失额不会超过 y_0。可知零售商在支付贷款之后的最终现金余额 $y_T(\psi)$ 为：

$$y_T(\psi)=y'-v(1+\alpha)+\alpha' y'+p\min\{\psi,(Aa/c+\mu)q\}+c'\max\{(Aa/c+\mu)q-\psi,0\} \quad (3\text{-}3)$$

当 $y_T(\psi)<0$，零售商会面临破产。此时银行的利润 $\pi(\psi)$ 为银行从零售商处得到的钱减去支付给储蓄者的利息以及支付给第三方物流企业的报酬，则：

$$\pi(\psi)=\min\{v(1+\alpha),y'(1+\alpha')+p\min\{\psi,(Aa/c+\mu)q\}+c'\max\{(Aa/c+\mu)q-\psi,0\}\}-v(1+\alpha')-\varphi \quad (3\text{-}4)$$

又由于 $\alpha' < \alpha$，则零售商得到最优资金使用方案必须满足 $y'v=0$，即零售商在考虑是否向银行借款之前，应用完其拥有的所有现金。由上述分析，可以得到一些关于模型的简单性质。

引理 3-1：当订货数量满足 $y_0/c \leqslant q \leqslant \hat{q}$ 时，零售商运用存货质押融资业务不存在破产风险，其中：

$$\hat{q}=\frac{(1+\alpha)cv-c(1-\alpha')(y_0+v)}{c'(Aa+c\mu)-(1-\alpha')c^2}。$$

证明：为证明引理 3-1，只需确定 $q > y_0/c$ 和 $\psi=0$(零售商所遭遇的最坏需求情况)时 q 的取值范围即可。

令 $\psi=0$,则(3-3)式可改写为:

$$y_T(\psi)=y'-v(1+\alpha)+\alpha' y'+c'(Aa/c+\mu)q$$

同时令 $y_T(\psi)=0$,结合(3-2)式,可求得:

$$q=\frac{cv(1+\alpha)-c(1-\alpha')(y_0+v)}{c'(Aa+c\mu)-(1-\alpha')c^2}$$

引理 3-2:当订货数量 $q>\hat{q}$ 时,并且需求 ψ 小于 $g(q)$,则零售商就会面临破产,其中 $g(q)=\frac{vc(1+\alpha)-c(y_0+v-cq)(1+\alpha')-c'q(Aa+\mu c)}{c(p-c')}$。T 期结束时的现金为:

$$y_T(\psi)=\begin{cases}(p-c')[\min\{\psi,(Aa/c+\mu)q\}-g(q)] & 如果\ \psi\geqslant g(q)\\ 0 & 如果\ \psi<g(q)\end{cases}$$

银行贷款给零售商带来的利润为:

$$\pi(\psi)=(\alpha-\alpha')(cq-y_0)-[\omega+\beta(z(0)-z(a))]-[-Aa+(1-\mu)cq+\psi]-\begin{cases}0 & 如果\ \psi\geqslant g(q)\\ (p-c')[g(q)-\psi] & 如果\ \psi<g(q)\end{cases}$$

证明:此时由于部分产品的滞销,(3-3)式可转化为:

$$y_T(\psi)=c'(Aa/c+\mu)q+(p-c')\psi+(y_0+v-cq)(1+\alpha')-v(1+\alpha)$$

同时令 $y_T(\psi)<0$,可求得

$$\psi<\frac{(1+\alpha)vc-c(y_0+v-cq)(1+\alpha')-c'q(Aa+\mu c)}{c(p-c')}=g(q)$$

结合引理 3-1、引理 3-2,可以得出零售商和银行的期望回报随 q 的变化而发生的以下三种可能的情况。三种可能的情形分别

为:第一,零售商拥有足够的初始现金余额,他根本无须贷款,此时 $q \leqslant y_0/c$。第二,零售商需要向银行申请贷款,但是贷款不会造成破产风险,此时 $y_0/c < q \leqslant \hat{q}$。第三,零售商需要向银行申请贷款,且存在着破产风险,此时 $q > \hat{q}$。上述三种情况下零售商的期望现金余额 $E[y_T(\psi)]$ 的表达式如下:

$$E[y_T(\psi)] = \begin{cases} (p-c')(Aa/c+\mu)\int_0^q \bar{F}(\psi)\mathrm{d}\psi - q(Aa/c+\mu) \\ \quad [c(1+\alpha)-c'] + y_0(1+\alpha'),\text{如果 } q \leqslant y_0/c \\ (p-c')(Aa/c+\mu)\int_0^q \bar{F}(\psi)\mathrm{d}\psi - q(Aa/c+\mu) \\ \quad [c(1+\alpha)-c'] + y_0(1+\alpha),\text{如果 } y_0/c < q \\ \quad \leqslant \hat{q} \\ (p-c')(Aa/c+\mu)\int_{d(q)}^q \bar{F}(\psi)\mathrm{d}\psi,\text{如果 } q > \hat{q} \end{cases} \tag{3-5}$$

如果需求分布满足 $P_r\{\psi < g(q)\}$,零售商会存在破产的可能性。

零售商的期望报酬 $E[\pi(\psi)]$ 为:

$$E[\pi(\psi)] = \begin{cases} 0,\ q \leqslant y_0/c \\ (\alpha-\alpha')(cq-y_0) - z - \varphi,\ y_0/c < q \leqslant \hat{q} \\ (\alpha-\alpha')(cq-y_0) - (p-c')[g(q) - z - \varphi - \\ \quad \int_0^{g(q)} \bar{F}(\psi)\mathrm{d}\psi],q > \hat{q} \end{cases} \tag{3-6}$$

只要 $g(q) \leqslant q$,零售商的预期现金余额就为非负,而银行的期望收益可能为负值。

第三节　零售商和银行的最优策略分析

当给定银行利率 α 时，如果 $p \leqslant c(1+\alpha)$，没有零售商会去借钱，此时我们只需考虑 $p > c(1+\alpha)$ 的情况。下面的引理是用于证明当初始现金余额为 y_0 时，零售商的各种最优选择订货数量。

引理 3-3：假定需求分布是满足 $f(y)/\bar{F}(y)$ 关于 y 的递增函数，即失败率是递增的，则初始现金余额为 y_0 的零售商的最优订购数量 q^{R^*} 的表达式如下：

$$q^{R^*}=\begin{cases} q^N, \text{如果 } y_0 > cq^N (\text{无借款}) \\ y_0/c, \text{如果 } cq^B \leqslant y_0 \leqslant cq^N (\text{无借款，但使用完所有现金}) \\ q^B, \text{如果 } cq^B(1-\delta) \leqslant y_0 \leqslant cq^B (\text{借款但无破产风险}) \\ q(y_0), \text{如果 } 0 \leqslant y_0 \leqslant cq^B(1-\delta) (\text{借款且有破产风险}) \end{cases} \tag{3-7}$$

式中，$\delta = c'/c(1+\alpha)$，q^N、q^B、$q(y_0)$ 可分别从下列等式中得出。

$$\bar{F}(q^N)=\frac{(1+\alpha')c-c'}{p-c'}$$

$$\bar{F}(q^B)=\frac{(1+\alpha)c-c'}{p-c'}$$

$$\bar{F}(q(y_0))=\frac{(1+\alpha')c^2-c'(Aa+\mu c)}{(p-c')c}\bar{F}(g(q(y)))$$

另外，当 $0 \leqslant y_0 < (1-\delta)cq^B$ 时，$q(y_0)$ 会伴随着 y_0 增加而减少，其中 $q(cq^B(1-\delta))=q^B$。

证明：以零售商进行贷款并存在破产风险的情形为例，表明引理的证明过程，其他情况的相关证明类似。

当 $q > \hat{q}$ 时，$E[y_T(\psi)] = (p - c')(Aa/c + \mu)\int_{g(q)}^{q}\bar{F}(\psi)\mathrm{d}\psi$

$$\frac{\partial E[y_T(\psi)]}{\partial q} = (p - c')(Aa/c + \mu)[\bar{F}(q) - \frac{c^2(1 + \alpha') - c'(Aa + \mu c)}{c(p - c')}\bar{F}(g(q))]$$

$q(y)$ 满足一阶条件，如果需求分布满足 $k(u) = f(u)/\bar{F}(u)$ 关于 u 的递增函数，故：

$$\frac{\partial^2 E[y_T(\psi)]}{\partial q^2} = (p - c')(Aa/c + \mu)\{-f[q(y)] + [\frac{c^2(1 + \alpha') - c'(Aa + \mu c)}{c(p - c')}]^2 f[g(q[y])]\} = \bar{F}(q(y))$$

$$[-k(q(y)) + \frac{(1 + \alpha')c^2 - (Aa + \mu c)c'}{(p - c')c}k(g(q(y)))] < 0$$

其中 $k(u) = f(u)/\bar{F}(u)$ 为 u 点的风险估值，因为 $g(q) < q$，不等式成立。因此 $\partial E[y_T(\psi)]$ 在 $q(y)$ 处取最大值。

从引理中 $q(y_0)$ 的等式，可得：$\frac{\mathrm{d}q(y)}{\mathrm{d}y} < 0$，所以在 $q(cq^B(1 - \delta)) = q^B$ 处，$q(y)$ 随着 y 减小。故当 $0 \leqslant y_0 < (1 - \delta)cq^B$ 时，$q^{R^*} = q(y)$，引理得证。

取 $\alpha = 0.1, \alpha' = 0.05, c'/c = 0.5, p/c = 1.3$，可以得到零售商最优订货量 q^{R^*} 随初始现金余额 y_0 的变化情况，如图 3-1 所示。

由引理 3-3 可知，当 y_0 从 0 到 $cq^B(1 - \delta)$ 时，零售商最优的选择订货数量会随着 y_0 的增加而减少；之后最优订货量一直保持不变，直至 $y_0 = cq^B$；最后只要初始现金 $y_0 > cq^B$，零售商的最优订货数量就会随着 y_0 的增长而增加。

由上述分析可得零售商的行事规则如下：如果 $y_0 > cq^N$，零售

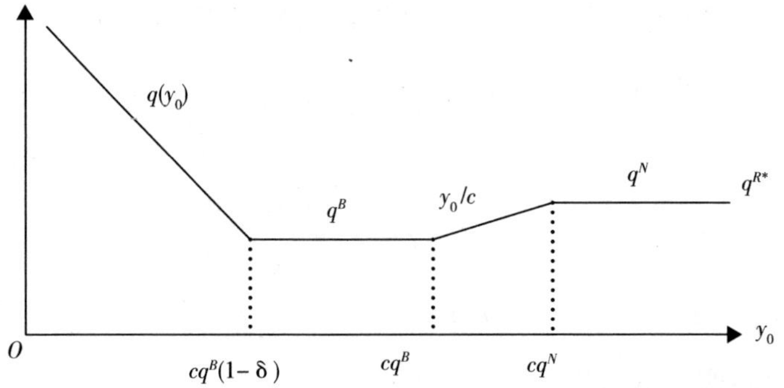

图 3-1 零售商的最优订货量

商拥有初始现金余额会多于维持运营所需的现金,因此无须借款。如果 $cq^B \leqslant y_0 \leqslant cq^N$,零售商无须进行贷款,且会用完所有的现金。如果 $y_0 < cq^B$,零售商由于拥有少量的现金将是最大的贷款者。即零售商越没有钱,他就会借更多钱和囤积大量的存货。

现在我们求解能够给银行带来最大期望收益的零售商订货选择数量,并将零售商的最优订购数量与这一数量进行对比。

引理 3-4:只要借钱给不存在破产风险的零售商,银行的期望收益 $E[\pi(\psi)]$ 就会随着贷款额 v 增加而增加,故对于一个初始现金余额为 y_0 的零售商,银行期望收益随 q 值的增加而增加;而当借钱给存在破产风险的零售商时,银行的最大期望收益将在 $q = q_B$ 处取得,其中 q_B 满足如下等式:

$$\bar{F}(g(q_B)) = 1 - \frac{(p + \alpha + \mu c' - \alpha' - c' - \mu p)c^2}{(1 + \alpha')c^2 - (Aa + \mu c)c'} \tag{3-8}$$

或

$$q_B = \frac{(1 + \alpha')c(y_0 + v) - vc(1 + \alpha)}{(1 + \alpha')c^2 - c'(Aa + \mu c)} + \frac{(p - c')c}{(1 + \alpha')c^2 - c'(Aa + \mu c)}$$

$$\bar{F}^{-1}\left(1 - \frac{(p + \alpha - \alpha' - c' - \mu p + \mu c')c^2}{(1 + \alpha')c^2 - c'(Aa + \mu c)}\right)$$

证明：由银行的收益函数 $E[\pi(\psi)]$ 易知，q 的最优取值满足：

$$(\alpha-\alpha')c-(p-c')[g'(q)-z'-\varphi'-\bar{F}(\psi)g'(q)]=0$$

将 $g(q)$、z、φ 的取值分别代入可得：

$$(\alpha-\alpha')c-(p-c')\left[-(1-\mu)c+\frac{c^2(1+\alpha')-c'(Aa+\mu c)}{c(p-c')}-\bar{F}(\psi)\frac{-c'(Aa+\mu c)+c^2(1+\alpha')}{c(p-c')}\right]=0$$

求得：

$$\bar{F}(g(q_B))=1-\frac{(p+\alpha-\alpha'-c'-\mu p+\mu c')c^2}{(1+\alpha')c^2-c'(Aa+\mu c)}$$

对上述公式中各参数赋予与图 3-1 相同的数值，可得出 q_B 随零售商的初始现金余额 y_0 的变化图（见图 3-2）。

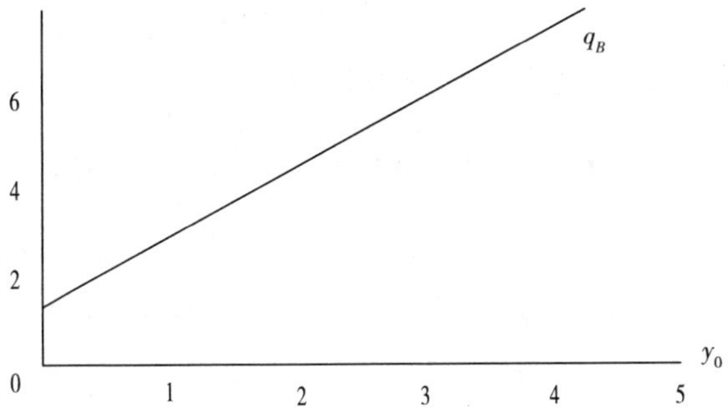

图 3-2　对银行最优的零售商订货量图

考虑一般情况下 $q_B \neq q^{R^*}$。如果给定 α，q_B 会随着 y_0 线性增长。而当借款企业存在破产风险时，q^{R^*} 是会随着 y_0 线性减少的。所以当无贷款限额时，一些零售商可能会从银行获得多于最优值的贷款数额。而 $q^{R^*} > q_B$，银行就需要承受零售商破产所带来的巨大风险和负面后果。

存在一个初始现金余额为 y^* 的零售商，当 $y_0 < y^*$ 时，则零售商的最优订购数量为 $q^{R^*} > q_B$，即零售商的订购数量多于银行最优订购数量，银行将承担未售完存货的大多数成本，这将可能导致银行的回报为负值。当零售商初始现金余额 $y_0 > y^*$ 时，此时零售商的最优订购数量 $q^{R^*} < q_B$，银行获得的报酬会随着零售商订购数量的增加而增加；而当 $y_0 = y^*$ 时，$q^{R^*} = q_B$，此时能为银行带来最大期望收益的零售商订货数量和零售商的最优订购数量相等。

下述引理证明了 y^* 的存在性。

引理 3-5：假定需求分布是满足 $f(y)/\bar{F}(y)$ 关于 y 的递增函数，则 $y_0 = y^* = \dfrac{(1+\alpha)vc - c(1+\alpha')(v-cq) - c'q(Aa+\mu c)}{(1+\alpha')c} - \dfrac{p-c'}{1+\alpha'}$

$\bar{F}^{-1}\left(\dfrac{c^2(1+2\alpha'+c'+\mu p-\alpha-p-\mu c') - c'(Aa+\mu c)}{(1+\alpha')c^2 - c'(Aa+\mu c)}\right)$，同时，零售商和银行二者收益之和在该处取得最大。

证明：由于在 $q^{R^*} = q_B$ 处，$\bar{F}(g(q^{R^*})) = \bar{F}(g(q_B))$。结合等式(3-7)和等式(3-8)，可知 q^{R^*} 必须满足方程 $\bar{F}(q^{R^*}) = \dfrac{(c'+\mu p+1+2\alpha'-\alpha-p-\mu c')c^2 - c'(Aa+\mu c)}{(p-c')c}$。从这一方程中可解出 $g(q^{R^*})$，再将 $g(q^{R^*})$ 的表达式代入即可得出 y^*。

当零售商的初始现金余额为 $x_0 \in (x^*, cq^B(1-\delta))$ 时，银行的期望收益变动可由下述引理证明得到。

引理 3-6：如果零售商订购数量为 q^{R^*}，则银行的期望收益为：

若零售商的初始现金余额 $y_0 \leqslant y^*$ 时，银行的期望收益会随着 y_0 增加。

若 $y_0 \geqslant cq^B(1-\delta)$ 时，即零售商不存在破产风险，银行的期望收益随着零售商的初始现金余额 y_0 减少。

证明：

第一条显然是成立的，这是因为当零售商的初始现金余额过低时，银行的风险会随着初始现金余额的增加而降低，银行的收入会因此而增加。可得 $\frac{dE[\pi(\psi)]}{dy_0} > 0$，具体过程从略。

第二条成立，这是因为零售商在没有破产风险的情况下，其借款总额会随着 y_0 减少，与此同时银行的收入是借款总额的增函数。故银行收入是关于初始现金余额 y_0 的减函数。

下面我们给出一些利率 α 与零售商最优订购数量 q^{R^*} 的关系。

引理 3-7：假定需求分布是满足 $f(y)/\bar{F}(y)$ 关于 y 的递增函数，当初始现金余额为 y_0 的零售商从银行进行贷款，其最优订货量 q^{R^*} 会随利率 α 的减小而减小。

证明：若 $q^{R^*} = q^B$，

$$\bar{F}(q^{R^*}) = 1 - F(q^{R^*}) = 1 - P_r\{\psi \leqslant q^{R^*}\} = \frac{(1+\alpha)c - c'}{p - c'}$$

可求出 $P_r\{\psi \leqslant q^{R^*}\} = 1 - \frac{(1+\alpha)c - c'}{p - c'}$

同时由分布函数的性质可知，当 α 增加时，$1 - \frac{(1+\alpha)c - c'}{p - c'}$ 减小，故 q^{R^*} 减小。当 $q^{R^*} = q(y_0)$ 时的证明类似，从略。

第四节 质押策略优化

存货质押融资业务是缺乏固定资产的零售企业实现融资的有效渠道，其业务的顺利开展关系到零售企业的可持续发展和银行的金融创新。存货质押融资业务的开展虽然有着重要意义，但质押物损耗的问题却是制约其业务发展的重要阻碍因素。本章在前人研究的基础上加入了第三方物流企业对质押物的监管以及质押物损耗因素,打开了存货质押融资业务研究的另一视角。研究得出如下结论:当零售商的初始现金余额低于某一水平时,增加初始现金余额会使零售商的最优订购数量减少;在某一阶段内零售商的最优订货量会保持不变;而当零售商的初始现金余额大于某一水平时,增加初始现金余额反而会使零售商的最优订货量增加。若风险估值是关于需求的增函数时,零售商的最优订货量随利率增加而减少。零售商的初始现金余额对贷款决策的影响规则为:有大量初始现金余额的零售商不会贷款,而初始现金余额缺乏的零售商会大量贷款,这样会给银行造成风险。同时,零售商初始现金余额的变化会引起银行收益的改变,当初始现金余额很低时,企业资本水平的增加会使银行的收益增加,而在零售商申请贷款且不存在破产风险时,资本水平增加会使银行的收益减少。本章节的研究内容主要为零售商决定是否贷款和确定贷款的数量提供决策规则,同时也为银行规避风险、确定最优利率、增加收入提供了理论借鉴。

第四章　存货组合质押融资的监管服务价格研究

第一节　质押监管定价研究缺位

国内外学者主要从企业自身建设、资本市场完善、信用体系建设、支持政策建设等方面对中小企业融资难问题进行了一定的探讨和分析。这些研究对解决中小企业融资困境具有积极作用，但还未针对中小企业特有属性，设计出适合中小企业的化解资金约束的有效途径。[①] 存货组合质押融资业务针对中小企业缺乏固定资产和设备作为贷款抵押的难题，创新性地提出利用库存、存货作为组合质押物从银行申请贷款的创新性融资模式。[②] 存货组合质押融资可以扩大中小企业信贷额度，优化企业资本结构，扩大银行业务范围，提高资金周转率，日益成为供应链企业，尤其是渠道企业的主要融资模式。[③] 虽然存货组合质押融资业务具有重要的现

---

① 张兆安：《化解我国中小企业融资难的七项建议》，《上海企业》2013 年第 1 期，第 12 页。

② 张媛媛、李建斌：《库存商品融资下的库存优化管理》，《系统工程理论与实践》2008 年第 9 期，第 29 页。

③ Barnett, W., "What's in a Name? A Brief Overview of Asset-based Lending", *Secured Lender*, Vol. 53, No. 6, Summer 1997, pp. 80 – 81.

实意义，但是金融优化、存货管理、组合投资未能有机结合[①②]，虽然学者们做了有益的探索，但是对在存货组合质押业务具有决定作用的质押监管定价问题还没有进行充分研究。[③] 实际上，质押监管业务定价是一个出价和还价过程，可以采用讨价还价模型进行分析。[④] 讨价还价模型主要研究出价方和还价方对资源的出价策略和还价机制，国内外学者虽然对这一问题进行了相应的研究，但是现有研究没有考虑讨价还价失败后，重新进行新谈判的转化成本。针对现有研究存在的问题，我们考虑重新谈判的转换成本对存货组合质押融资的质押监管定价影响，采用讨价还价分析框架，对银行的组合质押监管业务的外包定价过程进行研究，用逆向归纳法求解组合质押监管讨价还价问题的完美贝叶斯均衡，比较分析考虑转换成本和不考虑转换成本讨价还价的系统绩效，以及完美贝叶斯均衡的性质。

本章剩余部分的结构如下：第二节是模型分析，首先建立质押监管业务外包讨价还价模型；接着在考虑转化成本情形下对质押监管讨价还价模型进行研究；求出考虑转化成本的质押监管讨价还价模型的均衡解；分别给出了第三方物流先报价和银行先报价条件下，考虑转化成本的组合质押监管讨价还价模型的完美贝叶斯均衡；求出不考虑转化成本的组合质押监管讨价还价完美贝叶斯均衡解，并对考虑转换成本和不考虑转换成本的组合质押监管

---

① Carner, C.H., "Secured Lending for High-growth Retailers", *Secured Lender*, Vol. 54, No. 4, Autumn 1998, pp. 54-59.

② Lederer, P.J., Singhal, V.R., "The Effect of Financing Decisions on the Economic Evaluation of Flexible Manufacturing Systems", *International Journal of Flexible Manufacturing Systems*, Vol. 6, No. 4, Autumn1994, pp. 333-360.

③ Caldentey, R., Haugh, M.B., "Supply Contracts with Financial Hedging", *Operations Research*, Vol. 57, No. 1, Spring 2009, pp. 47-65.

④ Gupta, D., Wang, L., "A Stochastic Inventory Model with Trade Credit ", *Manufacturing & Service Operations Management*, Vol. 11, No. 1, Spring 2009, pp. 4-18.

定价模型进行比较研究。第三节采用算例检验了研究结论的有效性。第四节提出了对策建议和未来研究方向。

第二节　质押监管讨价还价模型

一、模型描述

在开展存货组合质押融资业务时，银行会把自身不擅长的部分技术性业务外包给 3PL，利用 3PL 的专业技能完成对质押物的价值分析、仓储管理和拍卖清算，这可以降低银行管理成本，提高信贷效率和总利润。① 质押监管合同定价是质押评估报告、存货组合质押、开具仓单等后续业务开展的前提，是关系到存货组合质押融资业务能否顺利开展的关键。讨价还价机制在定价上具有灵活、可操作性强等特点，是质押监管服务外包的常用机制。②

为了达成协议，银行和 3PL 需要就质押监管合同进行谈判。事实上，服务量的大小对讨价还价过程没有实质性的影响，也不会改变模型的性质，因此，在以下的分析中，我们假定质押监管的作业量大小恒定，设为 1。③ 银行和 3PL 只对物流作业外包价格进行谈判。④ 银行可以花费 C_b 的成本亲自对质押物进行监管，也可以委托 3PL 进行监管，设 3PL 的质押监管成本为 C_t 。银行和 3PL

① Ching, C.L., "Bargaining and Search with Recall: A Two-period Model with Complete Information", *Operations Research*, Vol. 42, No. 6, Winter 1994, pp. 1100-1109.

② Corominas-Bosch, M., "Bargaining in a Network of Buyers and Sellers", *Journal of Economic Theory*, Vol. 115, No. 1, Spring 2004, pp. 35-77.

③ Haresh, G., "A Bargaining Model for a First-time Interaction under Asymmetric Beliefs of Supply Reliability", *Management Science*, Vol. 52, No. 6, Winter 2006, pp. 865-880.

④ Polanski, A., "Bilateral bargaining in Networks", *Journal of Economic Theory*, Vol. 134, No. 1, Spring 2007, pp. 557-565.

在讨价还价过程中具有不完全信息,即不知道对方监管成本的确切值,但知道监管成本的概率分布。3PL 对 C_b 的估计值分布服从 $[a,b]$ 区间上的均匀分布,同样银行对 C_t 的估计值也服从区间 $[a,b]$ 上的均匀分布。我们分别用 ξ_t 和 ξ_b 表示 3PL 和银行的贴现因子,$\xi_t,\xi_b < 1$,在本章研究中,贴现因子为银行和 3PL 的讨价还价能力或耐心程度。我们只研究 $C_b > C_t$ 的情形,因为 $C_b < C_t$ 时,3PL 的承接价格肯定会高于银行亲自监管模式下的成本,所以银行会亲自监管,双方无法达成质押监管协议。

与已有的讨价还价模型不同,我们用 Γ_b 和 Γ_t 表示银行和 3PL 无法达成监管协议时的转换成本。转换成本即银行和 3PL 无法就监管作业承接价格达成一致意见时,花费在寻找、考察和评估新的合作对象上的成本,假设双方的贴现因子和转换成本为双方共同信息。

二、质押监管轮流报价讨价还价模型分析

为了描述存货组合质押监管服务外包定价过程,我们以有限轮报价模型为例,来分析 3PL 和银行双方的出价和还价过程。假设由 3PL 先出价,那么 3PL 在 1,3,5,…, n 轮先报价;银行在 2,4,6,…, $n-1$ 轮先报价。3PL 第一阶段的报价为 P_1^t,银行选择接受或拒绝 3PL 出价,如接受报价,则 3PL 的收益为 $P_1^t - C_t$,银行的收益为 $C_b - P_1^t$,讨价还价过程结束;如果银行拒绝 3PL 首轮报价,那么定价博弈进入第二阶段,由银行先报价。银行在第二阶段报价 P_2^b,如果 3PL 选择接受这一价格,那么双方的收益为 $[\xi_t(P_2^b - C_t),\xi_b(C_b - P_2^b)]$,其中 ξ_t、ξ_b 为贴现因子,服务外包定价结束;如果 3PL 拒绝银行报价,那么服务外包定价博弈就进入第三阶段。以此类推,直到服务外包讨价还价博弈进入第 n 阶段。服务外包最优收益取决于最后阶段数 n 的奇偶性。当 n 为偶数,则最后阶

段由银行报价 P_n^b，如果 3PL 接受报价，则双方的收益为 $[\xi_t^{n-1}(P_n^b - C_t),\xi_b^{n-1}(C_b - P_n^b)]$，如果 3PL 拒绝报价，则双方的收益为 $(-\xi_t^{n-1}\Gamma_t, -\xi_b^{n-1}\Gamma_b)$。如果 n 为奇数时，则最后阶段由 3PL 报价 P_n^t，讨价还价博弈结束。如果银行选择接受 3PL 报价，则双方的收益为 $[\xi_t^{n-1}(P_n^t - C_t),\xi_b^{n-1}(C_b - P_n^t)]$，如果银行选择拒绝报价，则双方的收益将为 $(-\xi_t^{n-1}\Gamma_t, -\xi_b^{n-1}\Gamma_b)$。图 4-1 展示了 3PL 先报价且阶段数为奇数时的讨价还价过程，其中 A 表示接受，R 表示拒绝，3PL 表示第三方物流企业，括号内为 3PL 和银行的收益。

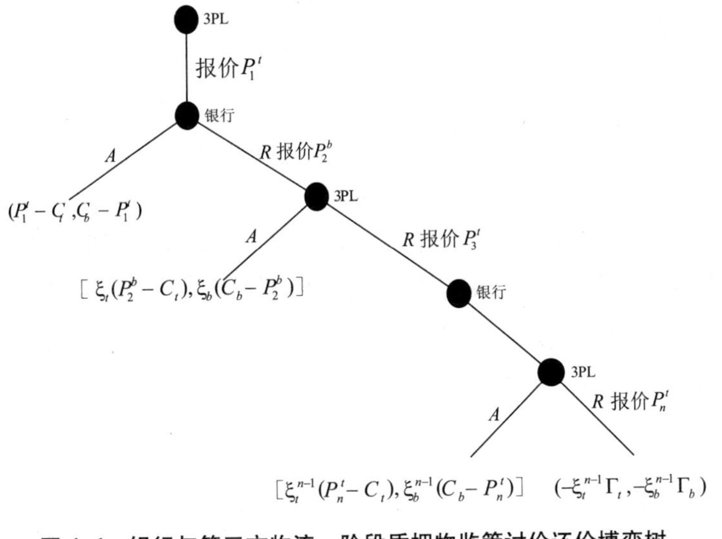

图 4-1　银行与第三方物流 n 阶段质押物监管讨价还价博弈树

因为阶段数量不影响模型求解过程，为简化分析，本章只研究 3PL 先出价的两阶段外包定价模型，多阶段模型的完美贝叶斯均衡求解方法和均衡性质可依两阶段模型方法类推。

三、存货组合质押监管两阶段外包定价的均衡求解

我们采用逆向归纳法对外包定价模型进行求解，逆向归纳法

(Backward Induction)的思路是从最后一阶段开始求解,然后逐级向前面阶段递推求解,直至得出第一阶段解的方法。逆向归纳法可以将多阶段动态模型简化为多个单阶段模型,采用单阶段分析方法加以求解,并将各单阶段策略加以整合得到最终的动态策略,进而得出整个外包定价博弈的均衡路径和各方最终收益。

在两阶段讨价还价博弈的第二阶段,银行先报价,这是 3PL 取得外包合同的最后机会,如果拒绝银行报价,则 3PL 会得到 $-\Gamma_t$,因此只要这一阶段收益大于 $-\Gamma_t$,3PL 就会接受银行的报价。即不管 3PL 第一阶段的报价为多少,只要满足式(4-1),3PL 就会接受报价。

$$\xi_t(P_2^b - C_t) \geqslant -\xi_t\Gamma_t \tag{4-1}$$

由(4-1)式变形,可得:

$$P_2^b \geqslant C_t - \Gamma_t \tag{4-2}$$

银行第一阶段的策略是选择合适报价达到最优期望收益。银行知道 3PL 在第二阶段的决策规则后,将会选择第一阶段的最优报价以最大化其收益。

$$\text{Max} \quad \xi_b(C_b - P_2^b)P(P_2^b \geqslant C_t - \Gamma_t) + \xi_b(-\Gamma_b)P(P_2^b \leqslant C_t - \Gamma_t) \tag{4-3}$$

其中,$\xi_b(-\Gamma_b)P(P_2^b \leqslant C_t - \Gamma_t)$ 为银行在 3PL 拒绝报价时的期望收益,$\xi_b(C_b - P_2^b)P(P_2^b \geqslant C_t - \Gamma_t)$ 为银行在 3PL 接受报价时的期望收益。由 C_b、C_t 的分布性质,可得:

$$P(P_2^b \geqslant C_t - \Gamma_t) = [P_2^b - a + \Gamma_t]/(b - a) \tag{4-4}$$

$$P(P_2^b \leqslant C_t - \Gamma_t) = [b - P_2^b - \Gamma_t]/(b - a) \tag{4-5}$$

将(4-4)式和(4-5)式代入(4-3)式中,可得:

$$\text{Max} \quad \xi_b(C_b - P_2^b)[P_2^b - a + \Gamma_t]/(b - a) + \xi_b(-\Gamma_b)[b - P_2^b - \Gamma_t]/(b - a)$$

采用极值理论进行分析，可以得出 P_2^b 最优解满足的条件：

$$-\xi_b \frac{P_2^b - a + \Gamma_t}{b - a} + \frac{\xi_b(C_b - P_2^b)}{b - a} + \frac{\xi_b \Gamma_b}{b - a} = 0 \quad (4-6)$$

从(4-6)式可以解出银行最优报价 P_2^b：

$$P_2^b = (a + C_b + \Gamma_b - \Gamma_t)/2 \quad (4-7)$$

将银行最优报价 P_2^b 代入双方收益函数，可以得出 3PL 接受报价时，银行和 3PL 第二阶段的收益：

$$\pi_{2b} = \xi_b(C_b - P_2^b) = \xi_b(C_b - a - \Gamma_b + \Gamma_t)/2 \quad (4-8)$$

$$\pi_{2t} = \xi_t(P_2^b - C_t) = \xi_b(a + C_b - 2C_t + \Gamma_b - \Gamma_t)/2 \quad (4-9)$$

如果 3PL 拒绝报价，银行和 3PL 第二阶段的收益分别为 $(-\xi_b\Gamma_b, -\xi_t\Gamma_t)$。

返回讨价还价博弈的第一阶段，只要银行第一阶段的收益大于第二阶段的收益 π_{2b}，就会接受 3PL 的报价，因此只要(4-10)式满足，银行就会接受 3PL 在第一阶段的报价：

$$C_b - P_1^t \geqslant \xi_b(C_b - a - \Gamma_b + \Gamma_t)/2 \quad (4-10)$$

由(4-10)式可以导出：

$$C_b \geqslant [2P_1^t + \xi_b(\Gamma_t - \Gamma_b - a)]/(2 - \xi_b) \quad (4-11)$$

3PL 在第一阶段会根据银行各阶段的决策规则选择最优报价 P_1^t 以最大化自身收益，其收益需满足如下条件：

$$\text{Max} \quad (P_1^t - C_t)P(A) + \pi_{2t}P(B) + \xi_t(-\Gamma_t)P(C) \quad (4-12)$$

其中，A 表示银行在第一阶段接受 3PL 的出价；B 表示银行在第一阶段拒绝 3PL 的出价，且 3PL 在第二阶段接受银行的出价；C 表示银行在第一阶段拒绝 3PL 的出价，且 3PL 在第二阶段拒绝银行的出价。

$$P(A) = \frac{2(b - P_1^t) - \xi_b(b - a + \Gamma_t - \Gamma_b)}{(b - a)(2 - \xi_b)} \quad (4-13)$$

$$P(\bar{A})=\frac{2(P_1^t-a)+\xi_b(\Gamma_t-\Gamma_b)}{(b-a)(2-\xi_b)} \tag{4-14}$$

$$P(B)=P(\bar{A})P(P_2^b\geqslant C_t-\Gamma_t)=$$

$$\frac{[2(P_1^t-a)+\xi_b(\Gamma_b-\Gamma_b)](P_2^b-a+\Gamma_t)}{(b-a)^2(2-\xi_b)} \tag{4-15}$$

$$P(C)=P(\bar{A})P(P_2^b\leqslant C_t-\Gamma_t)=$$

$$\frac{[2(P_1^t-a)+\xi_b(\Gamma_t-\Gamma_b)](b-P_2^b-\Gamma_t)}{(b-a)^2(2-\xi_b)} \tag{4-16}$$

将(4-13)式、(4-15)式和(4-16)式代入(4-12)式中,可以求出 P_1^t 满足的最优化条件:

$$\frac{2(b-P_1^t)-\xi_b(b-a+\Gamma_t-\Gamma_b)}{(b-a)(2-\xi_b)}+\xi_t(-\Gamma_t)$$

$$\frac{2(b-P_2^b-\Gamma_t)}{(b-a)^2(2-\xi_b)}-\frac{2(P_1^t-C_t)}{(b-a)(2-\xi_b)}+$$

$$\frac{(P_2^b-a+\Gamma_t)\xi_t(a+C_b-2C_t+\Gamma_b-\Gamma_t)}{(b-a)^2(2-\xi_b)}=0 \tag{4-17}$$

由(4-17)式可以求出3PL在第一阶段的最优出价:

$$P_1^t=\frac{2(b+C_t)-\xi_b(b-a+\Gamma_t-\Gamma_b)}{4}-$$

$$\frac{\xi_t\Gamma_t(2b-a-C_b-\Gamma_t-\Gamma_b)}{4(b-a)}$$

$$+\frac{\xi_t(C_b-a+\Gamma_t+\Gamma_b)(a+C_b-2C_t+\Gamma_b-\Gamma_t)}{8(b-a)} \tag{4-18}$$

分析(4-18)式可知,双方贴现因子会影响3PL第一阶段的出价,即3PL第一阶段不仅受到银行耐心程度的影响,还会受到自身耐心程度的影响。

命题 4-1:在基于转换成本的质押监管外包讨价还价中,3PL 在第一阶段的报价与其耐心程度存在不确定性。

这是因为 3PL 的报价不仅仅受耐心程度单因素影响,还受到其质押监管成本、银行自营成本和双方转换成本的影响,这些因素共同决定了 3PL 第一阶段报价的高低。

证明:将(4-18)式变形可得:

$$\frac{\partial P_1^t}{\partial \xi_t} = {C_b}^2 - a^2 + (\Gamma_t + \Gamma_b)^2 + 2(C_b - C_t)(\Gamma_t + \Gamma_b) - 4\Gamma_t(b - a) - 2C_t(C_b - a) \tag{4-19}$$

(4-19)式的正负无法判定,当其为负时,越耐心的 3PL 在第一阶段的报价越低;而当其为正时,越耐心的 3PL 在第一阶段的报价越高。

命题得证。

四、质押监管讨价还价博弈完美贝叶斯均衡

由上面的分析,我们将 3PL 先报价且考虑转换成本的两阶段存货组合质押监管外包讨价还价博弈的完美贝叶斯均衡归纳如下:

3PL 第一阶段报价为:

$$P_1^t = \frac{2(b + C_t) - \xi_b(b - a + \Gamma_t - \Gamma_b)}{4} - \frac{\xi_t\Gamma_t(2b - a - C_b - \Gamma_t - \Gamma_b)}{4(b - a)} + \frac{\xi_t(C_b - a + \Gamma_t + \Gamma_b)(a + C_b - 2C_t + \Gamma_b - \Gamma_t)}{8(b - a)}$$

当满足 $C_b \geqslant [2P_1^t + \xi_b(\Gamma_t - \Gamma_b - a)]/(2 - \xi_b)$ 时,银行会接

受3PL第一阶段的报价 P_1^t，存货组合质押外包讨价还价博弈结束，否则银行会拒绝3PL报价，讨价还价博弈进入下一阶段；

在第二阶段，银行出价 $P_2^b=(a+C_b+\Gamma_b-\Gamma_t)/2$；

当 $P_2^b \geqslant C_t-\Gamma_t$，即 $C_t \leqslant (a+C_b+\Gamma_b+\Gamma_t)/2$ 时，3PL接受银行第二阶段的报价，否则拒绝报价。不管3PL如何选择，存货组合质押外包两阶段博弈结束。

五、考虑转换成本与否的质押监管讨价还价完美贝叶斯均衡比较

采用上面的分析方法，我们可以得到不考虑转换成本的两阶段讨价还价完美贝叶斯均衡：

3PL在第一阶段报价：

$$P_1^T=\frac{2(b+C_t)-\xi_b(b-a)}{4}+\frac{\xi_t(a+C_b-2C_t)(C_b-a)}{8(b-a)};$$

当 $C_b \geqslant \dfrac{2P_1^T-a\xi_b}{2-\xi_b}$ 时，银行选择接受3PL的报价 P_1^T，存货组合质押监管讨价还价博弈结束，否则，银行选择拒绝3PL报价，存货组合质押监管讨价还价博弈进入下一阶段；

在第二阶段，银行出价 $P_2^B=\dfrac{a+C_b}{2}$；

当 $C_t \leqslant \dfrac{a+C_b}{2}$ 时，3PL接受银行第二阶段的出价，否则拒绝出价。不管3PL如何选择，两阶段博弈到此结束。

通过研究考虑转换成本与否的两阶段存货组合质押监管讨价还价博弈的完美贝叶斯均衡结果，可以得出如下命题：

命题4-2：在不考虑转换成本的存货组合质押监管讨价还价中，3PL在第一阶段的报价与银行的耐心程度成负相关；在考虑转

换成本的存货组合质押监管讨价还价中，当 $\Gamma_b - \Gamma_t > b - a$ 时，3PL 在第一阶段的报价与银行的耐心程度正相关，当 $\Gamma_b - \Gamma_t < b - a$ 时，3PL 在第一阶段的报价与银行的耐心程度负相关。

证明：通过分析不考虑转换成本的存货组合质押监管讨价还价完美贝叶斯均衡可得：

$$\frac{\partial P_1^T}{\partial \xi_b} = -(b - a)/4 \tag{4-20}$$

显然（4-20）式为负值，因此在不考虑转换成本的存货组合质押监管讨价还价博弈中，银行越耐心，3PL 在第一阶段的报价越低。

我们接着分析考虑转换成本的博弈模型，由（4-18）式可得：

$$\frac{\partial P_1^t}{\partial \xi_b} = -(b - a + \Gamma_t - \Gamma_b)/4 \tag{4-21}$$

当 $\Gamma_b - \Gamma_t > b - a$ 时，（4-21）式为正，银行的耐心程度越高，3PL 在第一阶段的报价也会越高。

当 $\Gamma_b - \Gamma_t < b - a$ 时，（4-21）式为负，银行的耐心程度越高，3PL 在第一阶段的报价反而越低。

命题得证。

比较了 3PL 在第一阶段的报价之后，我们接着比较考虑转换成本和不考虑转换成本的模型达成交易的难易程度。

命题 4-3：当 $\Gamma_t < \Gamma_b$，且 $R > 0$ 时，考虑转换成本的讨价还价博弈中 3PL 的报价比不考虑转换成本的讨价还价博弈的报价高。$\Gamma_t > \Gamma_b$，且 $R < 0$ 时，考虑转换成本的讨价还价博弈中 3PL 的报价比不考虑转换成本的讨价还价博弈的报价低。

其中：

$$R = \frac{\xi_b(\Gamma_t - \Gamma_b)}{2(2 - \xi_b)} +$$

$$\frac{\xi_t[2(\Gamma_b+\Gamma_t)(C_b-C_t)-4\Gamma_t(b-a)+(\Gamma_b+\Gamma_t)^2]}{4(b-a)(2-\xi_b)}$$

证明:因为两种情形类似,我们仅以 $\Gamma_t < \Gamma_b$, $R > 0$ 为例说明命题的证明过程。

把不考虑转换成本模型中 3PL 的报价 P_1^T 代入第一阶段达成交易的条件 $C_b \geqslant \frac{2P_1^T - a\xi_b}{2-\xi_b}$ 中,化简可得:

$$\frac{2(b+C_t)-\xi_b(b+a)}{2(2-\xi_b)}+\frac{\xi_t(a+C_b-2C_t)(C_b-a)}{4(b-a)(2-\xi_b)} \leqslant C_b \tag{4-22}$$

将(4-18)式代入(4-11)式中,变形可得考虑转换成本的存货组合质押监管讨价还价博弈第一阶段达成外包合作的条件为:

$$\frac{2(b+C_t)+\xi_b(\Gamma_t-\Gamma_b-b-a)}{2(2-\xi_b)}-\frac{\xi_t\Gamma_t(2b-a-C_b-\Gamma_b-\Gamma_t)}{2(b-a)(2-\xi_b)}$$
$$+\frac{\xi_t(a+C_b-2C_t+\Gamma_b-\Gamma_t)(C_b-a+\Gamma_t+\Gamma_b)}{4(b-a)(2-\xi_b)} \leqslant C_b \tag{4-23}$$

用(4-22)式左边减去(4-23)式左边可得:

$$\frac{\xi_b(\Gamma_t-\Gamma_b)}{2(2-\sigma_b)}+$$
$$\frac{\xi_t[2(\Gamma_b+\Gamma_t)(C_b-C_t)-4\Gamma_t(b-a)+(\Gamma_b+\Gamma_t)^2]}{4(b-a)(2-\xi_b)} \tag{4-24}$$

为比较两个模型第一阶段的报价,用 P_1^t 减去 P_1^T 可得:

$$P_1^t - P_1^T = \frac{\xi_b(\Gamma_b-\Gamma_t)}{4}+$$
$$\frac{\xi_t[2(\Gamma_b+\Gamma_t)(C_b-C_t)-4\Gamma_t(b-a)+(\Gamma_b+\Gamma_t)^2]}{8(b-a)} \tag{4-25}$$

对比(4-24)式和(4-25)式,发现两式的分子第二项完全相同，唯一区别在第一项。同时，我们由 $C_b \geqslant \frac{2P_1^T - a\xi_b}{2 - \xi_b}$ 可知，(4-22)式左边一定是正数（因为在不考虑转换成本的存货组合质押监管讨价还价博弈中，3PL 的成本 C_t 会小于等于合同价格 P_1^T，而 C_t 大于等于 a，因此 $2P_1^T - a\xi_b$ 一定为正）。因此，当 $\Gamma_t < \Gamma_b$，且(4-24)式大于零时：

第一，(4-23)式的不等号左边一定也大于零；

第二，当不等式(4-23)成立时，基于转换成本的存货组合质押监管讨价还价博弈和不考虑转换成本的存货组合质押监管讨价还价博弈都能在第一阶段就达成交易；

第三，(4-25)式为一正数，即 $P_1^t > P_1^T$。

所以，当 $\Gamma_t < \Gamma_b$，且(4-24)式为正时，不考虑转换成本的存货组合质押监管讨价还价博弈比考虑转换成本的存货组合质押监管讨价还价博弈更容易在第一阶段达成交易。尽管如此，考虑转换成本的存货组合质押监管讨价还价博弈双方一旦在第一阶段达成合作，3PL 获得的交易价格相比不考虑转换成本的博弈的交易价格，对自己有利。

命题得证。

命题 4-4：当双方无法在第一阶段达成交易，博弈进入第二阶段时，如果 $\Gamma_t < \Gamma_b$，$P_2^b > P_2^B$，即银行转化成本比 3PL 转化成本大时，考虑转化成本的讨价还价博弈中银行在第二阶段的报价更高。如果 $\Gamma_t > \Gamma_b$，$P_2^b < P_2^B$，即银行转化成本比 3PL 转化成本小时，不考虑转化成本讨价还价博弈中银行在第二阶段的报价更高。转化成本低的参与方能够在第二阶段取得更大收益。

证明：由以上分析，不考虑转换成本时，银行第二阶段的报价和交易条件为：

$$P_2^B = \frac{a + C_b}{2} \tag{4-26}$$

$$C_t \leqslant \frac{a + C_b}{2} \tag{4-27}$$

考虑转换成本时,银行第二阶段的报价和交易条件为:

$$P_2^b = (a + C_b + \Gamma_b - \Gamma_t)/2 \tag{4-28}$$

$$C_t \leqslant \frac{a + C_b + \Gamma_b + \Gamma_t}{2} \tag{4-29}$$

容易看出,(4-27)式右边项比(4-29)式右边项小,因此只要(4-27)式成立,则(4-29)式必然成立,即不考虑转换成本的存货组合质押监管外包能够在第二阶段达成合作时,考虑转换成本的存货组合质押监管外包博弈也能够在第二阶段达成交易。

由 $P_2^b - P_2^B = \frac{\Gamma_b - \Gamma_t}{2}$ 可知, P_2^b 与 P_2^B 的相对大小取决于3PL的转换成本和银行转换成本的相对大小。当 $\Gamma_t < \Gamma_b$ 时, $P_2^b > P_2^B$;当 $\Gamma_t > \Gamma_b$ 时, $P_2^b < P_2^B$。

命题得证。

命题 4-5:具有较高转换成本的3PL不一定总报较低的价格。当 $I < 0$ 时,具有较高转换成本的3PL在第一阶段才会报出较低的价格;而当 $I > 0$ 时,具有较高转换成本的3PL会在第一阶段报出较高的价格。其中, $I = \xi_t(\Gamma_b + \Gamma_t + C_b - C_t) - (b - a)(2\xi_t + \xi_b)$ 。

命题的证明只需要对(4-18)式关于 Γ_t 的偏导数进行分析即可。

第三节　算例分析

在表4-1中,我们将列举一系列算例来比较分析考虑转换成本和不考虑转换成本的讨价还价博弈均衡,并对本章的命题结论进行验证。

表 4-1 模型参数对博弈结果影响

参数＼算例	算例 1	算例 2	算例 3	算例 4	算例 5	算例 6	算例 7	算例 8
a	70	70	50	60	50	50	60	70
b	80	80	90	90	90	90	90	80
C_b	78	78	90	90	90	90	90	78
C_t	70	70	55	65	60	60	65	70
ξ_t	0. 6	0. 6	0. 6	0. 9	0. 8	0. 8	0. 9	0. 6
ξ_b	0. 5	0. 7	0. 5	0. 2	0. 2	0. 2	0. 2	0. 5
Γ_b	20	20	5	20	5	20	20	20
Γ_t	5	5	20	5	20	5	15	15
考虑转化成本的讨价还价完美贝叶斯均衡								
P_1^t	47. 64	47. 89	66. 33	83. 77	83. 78	77. 56	82. 91	73. 39
P_2^b					62. 5	77. 5		
结果	*A*	*A*	*A*	*A*	*R*	*Ra*	*A*	*A*
不考虑转化成本的讨价还价完美贝叶斯均衡								
P_1^T	74. 23	73. 73	87. 25	78. 25	75	75	78. 25	74. 23
P_2^B			70					
结果	*A*	*A*	*Ra*	*A*	*A*	*A*	*A*	*A*

注:其中 *A* 表示银行接受 3PL 在第一阶段的报价,讨价还价结束; *R* 表示银行拒绝 3PL 在第一阶段的报价,讨价还价进入下一阶段; *Ra* 表示银行第一阶段拒绝 3PL 报价;第二阶段接受 3PL 报价; *a* 表示 3PL 接受银行在第二阶段的报价,存货组合质押监管讨价还价结束。

在算例4、算例5 中,当考虑转换成本时,3PL 在第一阶段的报价随着其耐心程度 ξ_t 的增加而减小,这表明了命题 4-1 的正确性。

不考虑转换成本时,算例 2 中银行耐心程度较高,而 3PL 在第一阶段的报价(73. 73)反而比算例 1 中的报价(74. 23)小。算例1、算例2满足 $\Gamma_b - \Gamma_t > b - a$,考虑转换成本时,3PL在第一阶段的报价随着银行耐心程度的增加而增加;算例3、算例5满足 $\Gamma_b - \Gamma_t < b - a$,考虑转换成本时,3PL在第一阶段的报价随着银行耐心程度的增加反而减小,因此算例1、算例2、算例3、算例5验证了命题4-2的正确性。

算例3、算例4验证了命题4-3的正确性。算例3满足 $\Gamma_t > \Gamma_b$ 、$R < 0$,考虑转换成本时3PL在第一阶段的报价(66.33)小于不考虑转换成本时3PL在第一阶段的报价(87.25)。算例4满足 $\Gamma_t < \Gamma_b$ 、$R = 4.48 > 0$,考虑转换成本时3PL在第一阶段的报价(83.77)大于不考虑转换成本时3PL在第一阶段的报价(78.25)。

算例5、算例6验证了命题4-4的正确性。在这两个算例中,双方无法在第一阶段达成交易,讨价还价进入第二阶段。在算例6中, $\Gamma_t < \Gamma_b$,考虑转换成本时银行在第二阶段的报价(77.5)大于不考虑转换成本时银行在第二阶段的报价(70),即 $P_2^b > P_2^B$;在算例5中, $\Gamma_t > \Gamma_b$,考虑转换成本时银行在第二阶段的报价(62.5)小于不考虑转换成本时银行在第二阶段的报价(70),即 $P_2^b < P_2^B$。

算例4、算例7证明了命题4-5的前半部分的正确性,而算例1、算例8验证了命题4-5的后半部分的正确性。算例4、算例7的 I 分别为-4、-6,符合命题4-5前半部分 $I < 0$ 的条件,算例7的3PL具有较高转换成本,它第一阶段的报价(82.91)小于在算例4中的报价(83.78);算例1、算例8的 I 分别为2.8、8.8,满足命题后半部分 $I > 0$ 的条件,算例8中3PL具有较高转换成本,而它在第一阶段的报价(73.39)反而大于在算例1中的报价(47.64)。

第四节　服务定价策略分析

3PL 在存货组合质押融资业务中对促成银行和贷款企业合作具有重要作用，银行和 3PL 能否就质押监管业务达成交易，是关系到存货组合质押融资业务能否有效开展、贷款企业能否获得资金、银行能否创新金融服务的重要问题，因此研究存货组合质押监管定价过程非常必要。

本章首先梳理了国内外学者关于讨价还价博弈方面的研究，指出现有研究成果不能直接运用到 3PL 与银行的存货组合质押监管讨价还价博弈中，因为当银行与 3PL 无法达成存货组合质押监管讨价还价博弈协议时，双方收益并非为零，而是存在负转化成本收益，但是现有研究都假设双方无法达成合作时收益为零。

为此，本章建立 3PL 与银行在无法达成合作时双方收益不为零的条件下的不完全信息存货组合质押监管讨价还价博弈模型，然后采用逆向归纳法解出其完美贝叶斯均衡。并对考虑转换成本与否的存货组合质押监管讨价还价博弈的完美贝叶斯均衡进行比较研究，得出模型结论，并用算例验证了研究结论的正确性。

通过对考虑转换成本和不考虑转换成本的存货组合质押监管博弈的完美贝叶斯均衡进行比较研究发现：在考虑转换成本的存货组合质押监管讨价还价中，3PL 在第一阶段的报价会受到双方的耐心程度的影响，耐心程度越高 3PL 在第一阶段的报价不一定越高，有时耐心程度越高，报价反而越低，当博弈进入第二阶段后，具有较小转换成本的参与方能够取得价格谈判优势。在不考虑转化成本的讨价还价中，银行的耐心程度越高，3PL 在第一阶段的报价反而越低。

当参数取值在一定范围内时，3PL 在考虑转换成本讨价还价博弈中第一阶段的报价比不考虑转换成本讨价还价博弈中低,而在另一参数取值范围内,报价反而更高。当双方在第一阶段无法达成交易时,如果银行的转化成本比 3PL 高,银行在考虑转换成本讨价还价博弈中第二阶段的报价比不考虑转换成本讨价还价博弈中高,反之则低。

根据研究结论,给出讨价还价参与双方存货组合质押融资质押监管的两条建议:第一,银行和 3PL 要尽量搜集博弈对手的信息,以确保自己能够在博弈中处于优势地位。第二,银行和 3PL 应该尽可能地降低自己的转换成本,以取得谈判优势。因为在考虑转换成本的存货组合质押监管讨价还价博弈中,如果双方无法在第一阶段达成合作,博弈进入下一阶段时,低转换成本的参与方能够取得对自己更有利的交易价格。

本章虽然只对银行与 3PL 的两阶段存货组合质押监管讨价还价过程进行了研究,但分析思路和研究方法也适用于多阶段存货组合质押监管外包模型的分析和求解。另外,我们只研究了银行和 3PL 双边存货组合质押监管讨价还价博弈模型,银行、3PL 和贷款企业共同参与的多边存货组合质押监管外包博弈模型是我们下一步的研究方向。

第五章　单周期存货质押贷款的最优质押率研究

本章所研究的质押物的期末价格呈随机连续波动，质押物价格受企业订购决策影响较小，一般只和存货的质押方式有关①，在考虑借款企业的违约风险以及存货价格波动导致的市场风险条件下，构建存货质押率模型，并分析各变量对最优质押率和期望利润最优值的影响，对最优质押率和最大期望利润进行了敏感性分析，为银行的质押率决策优化提供参考。

第一节　模型假设与构建

一、模型假设

假设 5-1：银行、借款企业、物流企业是风险中立的，即对于风险资产的效用与该项风险资产的期望值的效用是无差异的，因此他们的目标是使期望值最优化。

假设 5-2：银行进行静态存货质押并为该质押业务建立封闭式账户，即存货在质押贷款期末销售后，销售收入将存入银行设立

① 隋如彬、肖晓旭：《物流企业存货质押业务风险评价指标体系研究》，《中国西部科技》2011 年第 10 期，第 4—6 页。

的封闭式账户中。如果期末销售收入无法完全偿还贷款，借款企业可以 $(1-Q)$ 的概率追加保证金以补足差额，或以 Q 的概率选择违约。Q 为贷款企业的违约概率，为已知的外生变量，银行可以自己或者委托物流企业调查分析贷款企业的经营情况，以确定其违约概率 Q 的具体数值。

假设 5-3：在存货质押贷款期初，借款企业将当前价格为 p_0 数量为 A 的存货 X 作为质押物向银行提出存货质押贷款申请，贷款期限为 T，银行以当前价格为参考，设定单位存货价值量的质押率 ω，则贷款期初借款企业可以从银行获得的贷款额为 $\omega p_0 A=\omega h_0$，其中 $h_0=p_0 A$ 为存货初始市场价值。

假设 5-4：银行的资金成本为存款利率 r，存货质押贷款业务的利率为 R，可以得出贷款期末（T 时刻）存货质押贷款的本利和为 $\omega p_0 A(1+R)^T=\omega h_0(1+R)^T$。由于第三方物流企业持有、监管存货会产生物流服务成本，因此将此项成本记入贷款利率，银行和第三方物流企业签订利润分享合同 $(s,1-s)$，双方约定银行将所存货质押利润的 $1-s$ 比例支付给第三方物流企业，而自身留存剩余的 s 比例利润。

假设 5-5：贷款期末（T 时刻），质押的存货 X 的价格 p_T 服从对数正态分布，即 $\ln p_T\sim N(u_1,\delta_1^2)$，$u_1$ 为贷款期末价格的对数收益率，δ_1 为贷款期末价格的对数波动率，贷款期末价格的期望值为 $E(p_T)=\mathrm{e}^{u_1+\delta_1^2/2}$，贷款期末价格的标准差 $\sqrt{D(p_T)}=\sqrt{(\mathrm{e}^{\delta_1^2}-1)\mathrm{e}^{2u_1+\delta_1^2}}$，$F_{p_T}(x)$ 为期末价格的概率分布函数，$f_{p_T}(x)=\frac{1}{\delta_1 x\sqrt{2\pi}}\exp\left[-\frac{1}{2}\left(\frac{\ln x-u_1}{\delta_1}\right)^2\right]$。

二、模型分析

在存货质押贷款期末（T 时刻），若质押存货 X 的价值高于与银行约定的本利和，即 $Ap_T > A\omega p_0(1+R)^T$，即质押存货期末价格满足 $p_T > \omega p_0(1+R)^T$，存货 X 质押贷款可以通过期末销售所得而实现自偿，此时的期末银行利润为 $\pi_b(\omega) = A\omega p_0[(1+R)^T-(1+r)^T]$ 。

如果在存货质押贷款期末，质押存货 X 的价值低于银行要求的本利和，即 $p_TA \leqslant \omega p_0 A(1+R)^T$，即质押存货期末价格满足 $p_T \leqslant \omega p_0(1+R)^T$，质押贷款企业要么以 Q 的概率违约，此时银行的利润函数为 $\pi_b(\omega) = Ap_T - A\omega p_0(1+r)^T$；要么以 $1-Q$ 的概率遵守合约，此时银行的利润函数为 $\pi_b(\omega) = A\omega p_0[(1+R)^T-(1+r)^T]$ 。

因此，银行的存货质押贷款期望利润为：

$$E(\pi_b(\omega)) = A\omega p_0[(1+R)^T-(1+r)^T]\int_{\omega p_0(1+R)^T}^{+\infty} T_{p_T}(x)\,dx$$

$$+\ \omega p_0A(1-Q)[(1+R)^T-(1+r)^T]\int_0^{\omega p_0(1+R)^T} f_{p_T}(x)\,dx\ +$$

$$Q\int_0^{\omega p_0(1+R)^T} A(x-\omega p_0(1+r)^T)f_{p_T}(x)\,dx$$

$$= \omega p_0A[(1+R)^T-(1+r)^T] + QA\int_0^{\omega p_0(1+R)^T}[x-(1+R)^T\omega p_0]f_{p_T}(x)\,dx$$

$$= A\omega p_0[(1+R)^T-(1+r)^T] - AQ\int_0^{\omega p_0(1+R)^T} F_{p_T}(x)\,dx \quad (5-1)$$

于是，期末价格服从对数正态分布的银行存货质押率模型为：

$$\max E(\pi_b(\omega)) = A\omega p_0[(1+R)^T-(1+r)^T] - AQ\int_0^{\omega p_0(1+R)^T} F_{p_T}(x)\,dx$$

$$s.t.\quad 0<\omega<1 \quad (5-2)$$

其中，存货质押贷款期末价格 p_T 服从对数正态分布，即

$\ln p_T \sim N(u_1, \delta_1^2)$，$f_{p_T}(x) = \frac{1}{\delta_1 x\sqrt{2\pi}}\exp\left[-\frac{1}{2}\left(\frac{\ln x - u_1}{\delta_1}\right)^2\right]$ 为 p_T 的概率密度函数，$F_{p_T}(x)$ 为 p_T 的分布函数。

定理 5-1：借款企业在贷款期初以数量为 A 价格为 p_0 的存货 X 申请质押贷款，且期末价格 p_T 服从对数正态分布，即 $\ln p_T \sim N(u_1, \delta_1^2)$，使得银行期望利润最大化的存货质押率

$$\omega^* = \frac{e^{\delta_1 z_\varepsilon + u_1}}{p_0(1+R)^T} \tag{5-3}$$

其中，$\varepsilon = \frac{(1+R)^T - (1+r)^T}{Q(1+R)^T}$，$z_\varepsilon$ 为下概率 ε 的临界值，$0 < \omega^* < 1$。

证明：对银行的期望利润函数的变量 ω 求一阶偏导、二阶偏导，即

$$\frac{\partial E(\pi_b(\omega))}{\partial \omega} = -Qp_0A(1+R)^T F_{p_T}(\omega p_0(1+R)^T) + Ap_0[(1+R)^T - (1+r)^T] \tag{5-4}$$

$$\frac{\partial^2 E(\pi_b(\omega))}{\partial \omega^2} = -AQp_0^{\,2}F'_{p_T}(1+R)^{2T}(\omega p_0(1+R)^T) < 0 \tag{5-5}$$

令银行期望利润函数的一阶偏导数等于零，即 $\frac{\partial E(\pi_b(\omega))}{\partial \omega} = 0$，可以解出 ω^* 满足如下等式

$$F_{p_T}(p_0\omega(1+R)^T) = \frac{(1+R)^T - (1+r)^T}{Q(1+R)^T} \tag{5-6}$$

因为 p_T 服从对数正态分布，即 $\ln p_T \sim N(u_1, \delta_1^2)$，$\Phi(\cdot)$ 为标准正态分布函数，因此有

$$\Phi\left(\frac{\ln(\omega p_0(1+R)^T) - u_1}{\delta_1}\right) = \frac{(1+R)^T - (1+r)^T}{Q(1+R)^T} = \varepsilon \tag{5-7}$$

即 $z_{\varepsilon}=\dfrac{\ln(\omega p_0(1+R)^T)-u_1}{\delta_1}$ (5-8)

即 $\omega^*=\dfrac{e^{u_1+\delta_1 z_{\varepsilon}}}{p_0}\dfrac{1}{(1+R)^T}$

因为 ω^* 必须满足 $0<\omega^*<1$，而且银行期望利润函数 ω 的二阶偏导数小于零，即当 $\omega=\omega^*$ 时，银行期望利润取得最大值，ω^* 就是最优质押率。

命题证毕。

说明：在单周期存货质押模式下，若质押存货的期末价格服从对数正态分布，则在相关变量已知的情况下，银行可以通过选择最优质押率，使期望利润达到最大。

推论 5-1：借款企业在期初以价格为 p_0 数量为 A 的存货 X 进行质押贷款，期末价格 p_T 服从对数正态分布，即 $\ln p_T\sim N(u_1,\delta_1^2)$，在其他相关变量不变的条件下，银行的最优质押率 ω^* 随着对数收益率 u_1 的增大而增大。

证明：由定理 5-1 的结论可知，银行的最优存货质押率为：

$$\omega^*(u_1)=\frac{e^{u_1+\delta_1 z_{\varepsilon}}}{p_0}\frac{1}{(1+R)^T}$$

其中，$\varepsilon=\dfrac{(1+R)^T-(1+r)^T}{Q(1+R)^T}$，$z_{\varepsilon}$ 为下概率 ε 的临界值，当 r、Q、R、T 为常量时，z_{ε} 也为常量。

对 $\omega^*(u_1)=\dfrac{e^{u_1+\delta_1 z_{\varepsilon}}}{p_0}\dfrac{1}{(1+R)^T}$ 求 u_1 的偏导，可得 $\dfrac{\partial\omega^*(u_1)}{\partial u_1}>0$。

因此，在其他变量不变的情况下，银行提供的最优存货质押率 ω^* 随着对数收益率 u_1 的增大而增大。

命题得证。

说明：在单周期质押模式下，若质押存货的期末价格服从对数正态分布，银行可以对有较高对数收益率的质押存货设定较高的质押率，即对贷款期初一定市场价值的存货给予较高的贷款数额，对有较低对数收益率的质押存货设定较低的质押率，即对贷款期初一定市场价值的存货给予较低的贷款数额，从而使自身期望收益最大化。

推论 5-2：借款企业在期初以价格为 p_0 数量为 A 的存货 X 申请质押贷款，存货期末价格 p_T 服从对数正态分布，即 $\ln p_T \sim N(u_1, \delta_1^2)$，当 $\varepsilon > 0.5$ 时，银行提供的最优质押率 ω^* 随对数波动率 δ_1 增加而增大，当 $\varepsilon < 0.5$ 时，银行提供的最优质押率 ω^* 随对数波动率 δ_1 增加而减小。

证明：与推论 5-1 类似，银行的最优质押率为：

$$\omega^*(u_1) = \frac{e^{u_1+\delta_1 z_\varepsilon}}{p_0} \frac{1}{(1+R)^T}$$

其中，$\varepsilon = \dfrac{(1+R)^T - (1+r)^T}{Q(1+R)^T}$，$z_\varepsilon$ 为下概率 ε 的临界值，当 r、Q、R、T 为常量时，z_ε 也为常量。

对 $\omega^*(\delta_1) = \dfrac{1}{p_0} \dfrac{e^{u_1+\delta_1 z_\varepsilon}}{(1+R)^T}$ 求 δ_1 的偏导，可以得到 $\dfrac{\partial \omega^*(\delta_1)}{\partial \delta_1} = \dfrac{z_\varepsilon e^{u_1+\delta_1 z_\varepsilon}}{P_0(1+R)^T}$。

故当 $z_\varepsilon > 0$ 时，即 $\varepsilon > 0.5$，得到$\dfrac{\partial \omega^*(\delta)}{\partial \delta_1}$；当 $z_\varepsilon < 0$ 时，即 $\varepsilon < 0.5$，得到$\dfrac{\partial \omega^*(\delta_1)}{\partial \delta_1} < 0$。

因此，当R、r、Q、T满足$\varepsilon > 0.5$时，银行提供的最优质押率ω^*随对数波动率δ_1 增加而增加；当R、r、Q、T满足$\varepsilon < 0.5$时，银行提供的最优质押率 ω^* 随对数波动率 δ_1 的增加而减小。

推论证毕。

说明：在单周期质押模式下，若质押存货的期末价格服从对数正态分布，且 R、r、Q、T 满足 $\varepsilon>0.5$ 时，银行可以对期末价格波动较大的存货设定较高的质押率，即对期初一定市场价值的质押存货给予较高的贷款金额，对期末价格波动较小的存货设定一个较低的质押率，即对期初一定市场价值的质押存货给予较低的贷款金额，从而使自身期望收益最大化。反之，则相反。

推论 5-3：贷款企业在期初以价格为 p_0 数量为 A 的存货 X 申请质押贷款，期末价格 p_T 服从对数正态分布，即 $\ln p_T \sim N(u_1, \delta_1^2)$，在其他相关变量不变的条件下，银行的最优质押率 ω^* 随着借款企业的违约概率 Q 的增加而降低。

证明：与定理 5-1 类似，银行的最优质押率 $\omega^*(Q)$ 与贷款企业的违约概率 Q 的关系可表述为：

$$\omega^*(Q) = \frac{e^{u_1+\delta_1 z_\varepsilon}}{p_0}\frac{1}{(1+R)^T}$$

其中，$\varepsilon = \dfrac{(1+R)^T - (1+r)^T}{Q(1+R)^T}$，当 R、r、T 为常量时，随着 Q 的增大，ε 将减小，即 z_ε 随 Q 的增大而减小，银行的最优存货质押率 $\omega^*(Q)$ 随着借款企业的违约概率 Q 增大而减小。

推论证毕。

说明：在单周期质押模式下，如果质押存货期末价格服从对数正态分布，银行可以根据借款企业的不同违约概率，设定不同的存货质押率，对违约概率较高的借款企业，设定较低的存货质押率，即对期初一定价值的质押存货给予较低的贷款额，针对违约概率较低的借款企业，设定较大的存货质押率，即对期初一定价值的质押存货给予较高的贷款金额，从而使自身的期望利润取得最大化。

定理 5-2：贷款企业在期初以价格为 p_0 数量为 A 的存货 X 申

请质押贷款，质押物期末价格 p_T 服从对数正态分布，即 $\ln p_T \sim N(u_1,\delta_1^2)$，则银行的最大期望利润值：

$$E(\pi_b(\omega)) = AQ\Phi(z_\varepsilon - \delta_1)\mathrm{e}^{u_1+\delta_1^2/2} \tag{5-9}$$

其中，$\varepsilon = \dfrac{(1+R)^T - (1+r)^T}{Q(1+R)^T}$，$z_\varepsilon$ 为下概率 ε 的临界值，$\Phi(\cdot)$ 为标准正态分布的概率分布函数。

证明：由式（5-1）可知，银行存货质押的期望利润函数为

$$E(\pi_b(\omega)) = AQ\int_0^{\omega p_0(1+R)^T} x f_{p_T}(x)\,\mathrm{d}x + A\omega p_0[(1+R)^T - (1+r)^T] - A\omega p_0 Q F_{p_T}(1+R)^T(\omega p_0(1+R)^T) \tag{5-10}$$

由 $f_{p_T}(x) = \dfrac{1}{\delta_1 x\sqrt{2\pi}}\exp\left[-\dfrac{1}{2}\left(\dfrac{\ln x - u_1}{\delta_1}\right)^2\right]$，可得：

$$\int_0^{\omega p_0(1+R)^T} x f_{p_T}(x)\,\mathrm{d}x = \mathrm{e}^{u_1+\delta_1^2/2}\Phi\left(\frac{\ln(\omega p_0(1+R)^T) - u_1}{\delta_1} - \delta_1\right) \tag{5-11}$$

由定理 5-1 可知，当 $\omega^* = \dfrac{\mathrm{e}^{u_1+\delta_1 z_\varepsilon}}{p_0}\dfrac{1}{(1+R)^T}$ 时，$\varepsilon = \dfrac{(1+R)^T - (1+r)^T}{Q(1+R)^T}$，$z_\varepsilon$ 为下概率 ε 的临界值，存货质押的期望利润取得最大值，且有

$$F_{p_T}(\omega^* p_0(1+R)^T) = \frac{(1+R)^T - (1+r)^T}{Q(1+R)^T} \tag{5-12}$$

将式（5-10）、式（5-11）代入式（5-9），可以得到

$$\mathrm{Max}E(\pi_b(\omega)) = AQ\mathrm{e}^{u_1+\delta_1^2/2}\Phi\left(\frac{\ln(\omega^* p_0(1+R)^T) - u_1}{\delta_1} - \delta_1\right) \tag{5-13}$$

又因为 $\dfrac{\ln(\omega^* p_0(1+R)^T) - u_1}{\delta_1} = z_\varepsilon$，$\varepsilon =$

$\frac{(1+R)^T-(1+r)^T}{Q(1+R)^T}$，$z_\varepsilon$ 为下概率 ε 的临界值，因此有 $\mathrm{Max}E(\pi_b(\omega))=AQe^{u_1+\delta_1^2/2}\Phi(z_\varepsilon-\delta_1)$。

定理证毕。

推论 5-4：贷款企业在期初以价格为 p_0 数量为 A 的存货 X 申请质押贷款，存货期末价格 p_T 服从对数正态分布，即 $\ln p_T \sim N(u_1,\delta_1^2)$，则银行的期望利润最大值随着对数收益率的增大而增大。

证明：由定理 5-2 可知，银行的最大期望利润 $E(\pi_b(\omega^*))=QAe^{u_1+\delta_1^2/2}\Phi(z_\varepsilon-\delta_1)$，其中 $\varepsilon=\frac{(1+R)^T-(1+r)^T}{Q(1+R)^T}$，$z_\varepsilon$ 为下概率 ε 的临界值，可知，$\Phi(z_\varepsilon-\delta_1)$ 与 u_1 无关。

因为 $e^{u_1+\delta_1 z_\varepsilon}$ 是 u_1 的增函数，故银行的最大期望利润 $E(\pi_b(\omega^*))$ 也是关于 u_1 的增函数，即银行的期望利润最大值随着对数收益率的增大而增大。

推论证毕。

说明：在单周期质押模式下，如果质押存货期末价格服从对数正态分布，则存货的对数收益率越大，银行的期望利润最大值也越大。

推论 5-5：贷款企业在期初以价格为 p_0 数量为 A 的存货 X 申请质押贷款，存货期末价格 p_T 服从对数正态分布，即 $\ln p_T \sim N(u_1,\delta_1^2)$，则银行的期望利润最大值随着贷款利率的增大而增大。

证明：由定理 5-2 可知，银行的最大期望利润为 $E(\pi_b(\omega^*))=AQe^{u_1+\delta_1^2/2}\Phi(z_\varepsilon-\delta_1)$，其中 $\varepsilon=\frac{(1+R)^T-(1+r)^T}{Q(1+R)^T}$，$z_\varepsilon$ 为下概率 ε 的临界值。

由式 $\varepsilon=\frac{1}{Q}\left(1-\left(\frac{1+r}{1+R}\right)^{T}\right)$ 可知，随着 R 的增大，ε 会增大，从而 z_{ε} 也会增加，即 $E(\pi_b(\omega^*))=AQe^{u_1+\delta_1^2/2}\Phi(z_{\varepsilon}-\delta_1)$，银行的期望利润最大值随着贷款利率的增大而增大。

推论证毕。

说明：在单周期质押模式下，如果存货期末价格服从对数正态分布，则质押贷款利率越大，银行的最大期望利润也越大。

推论 5-6：贷款企业在期初以价格为 p_0 数量为 A 的存货 X 申请质押贷款，存货期末价格 p_T 服从对数正态分布，即 $\ln p_T \sim N(u_1,\delta_1^2)$，则银行的期望利润最大值随着贷款周期的增大而增大。

证明：由定理 5-2 可知，银行的最大期望利润 $E(\pi_b(\omega^*))=AQe^{u_1+\delta_1^2/2}\Phi(z_{\varepsilon}-\delta_1)$，其中 $\varepsilon=\frac{(1+R)^T-(1+r)^T}{Q(1+R)^T}$，$z_{\varepsilon}$ 为下概率 ε 的临界值。

由式 $\varepsilon=\frac{1}{Q}\left(1-\left(\frac{1+r}{1+R}\right)^{T}\right)$ 可知，随着 T 的增大，ε 会增大，从而 z_{ε} 也会增大，即 $E(\pi_b(\omega^*))=AQe^{u_1+\delta_1^2/2}\Phi(z_{\varepsilon}-\delta_1)$，银行的期望利润最大值随着贷款周期的增大而增大。

推论证毕。

说明：在单周期质押模式下，如果质押存货的期末价格服从对数正态分布，则贷款周期越长，银行的最大期望利润也越大。

第二节　数值分析

假设质押存货的期末价格服从对数正态分布，即 $\ln p_T \sim N(u_1,\delta_1^2)$，令 $\delta_1=0.0325$，$u_1=5.1505$，那么期末价格的期望值为

$E(p_T) = 172.6$,标准差为 $\sqrt{D(p_T)} = 31.5$,密度函数为 $f_{p_T}(x) = \frac{1}{\delta_1 x\sqrt{2\pi}}\exp\left[-\frac{1}{2}\left(\frac{\ln x - u_1}{\delta_1}\right)^2\right]$,令质押贷款利率 $R = 0.09$,无风险利率 $r = 0.03$,质押贷款周期 $T = 0.5$,贷款违约概率 $Q = 0.9$,质押存货的初始价格 $p_0 = 216$,存货的初始质押数量 $A = 100000$,把这些数值代入期末价格服从对数正态分布的存货质押率模型,可以得到最优质押率 $\omega^* = 0.72001$,相应的期望利润最大值 $E(\pi_b(\omega^*)) = 448006$。

下面分别对对数收益率与最大期望利润、最优质押率之间的关系,对数波动率与最大期望利润、最优质押率之间的关系,贷款利率与最大期望利润、最优质押率之间的关系,贷款周期与最大期望利润、最优质押率之间的关系,违约概率与最大期望利润、最优质押率之间的关系进行分析。

一、对数收益率与最优质押率、期望利润最大值关系研究

当存货期末价格服从对数正态分布时,最优存货质押率与对数收益率二者的函数关系可表示为 $\omega^*(u_1) = \frac{e^{u_1+\delta_1 z_\varepsilon}}{p_0(1+R)^T}$,银行最大期望利润可表示为 $E(\pi_b(\omega^*)) = AQe^{u_1+\delta_1^2/2}\Phi(z_\varepsilon - \delta_1)$,其中 $\varepsilon = \frac{(1+R)^T - (1+r)^T}{Q(1+R)^T}$,$z_\varepsilon$ 为下概率 ε 的临界值。

将上述数据代入表达式,并在 4.6505 至 5.4505 之间对对数收益率进行取值,结果表明当对数收益率取不同数值时,最优质押率、最大期望利润、价格的均值和标准差会随之发生变化,具体结果数值见表 5-1。根据数据可以得到对数收益率与最优质押率之间的关系图(见图 5-1),以及对数收益率与期望利润最大值之间

的关系图(见图5-2)。

表5-1　对数收益率与最大期望利润、最优质押率等数值表

u_1	ω^*	$E(p_T)$	$\sqrt{D(p_T)}$	$E(\pi_b(\omega^*))$
4.6505	0.43671	104.7	11.6	271729
4.7005	0.45910	110.1	12.8	285661
4.7505	0.48263	115.7	14.1	300307
4.8005	0.50738	121.6	15.6	315705
4.8505	0.53339	127.9	17.3	331891
4.9005	0.56074	134.4	19.1	348908
4.9505	0.58949	141.3	21.1	366796
5.0005	0.61971	148.6	23.3	385602
5.0505	0.65149	156.2	25.8	405373
5.1005	0.68489	164.2	28.5	426157
5.1505	0.72001	172.6	31.5	448006
5.2005	0.75692	181.5	34.8	470976
5.2505	0.79573	190.8	38.5	495123
5.3005	0.83653	200.5	42.5	520509
5.3505	0.87942	210.8	47.0	547196
5.4005	0.92451	221.6	51.9	575251
5.4505	0.97191	233.0	57.4	604745

根据表5-1,对对数收益率对最大期望利润、最优质押率的敏感性进行分析,可以发现,随着对数收益率的增加,最优质押率的值在0.43至0.95之间,即图5-1的斜率在该段区间内,且其增长幅度呈现递增趋势,对期望利润最大值的敏感性系数值在265048至589875之间,即图5-2的斜率在该段区间内,且其增加幅度呈现递增趋势。

如图5-1和图5-2所示,当对数收益率在4.6505至5.4505区间内变化时,最优质押率、期望利润最大值随着期望收益率的增

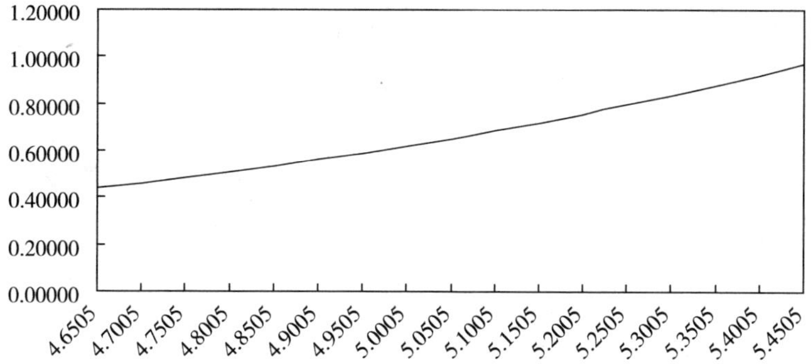

图 5-1　对数收益率与最优质押率关系图

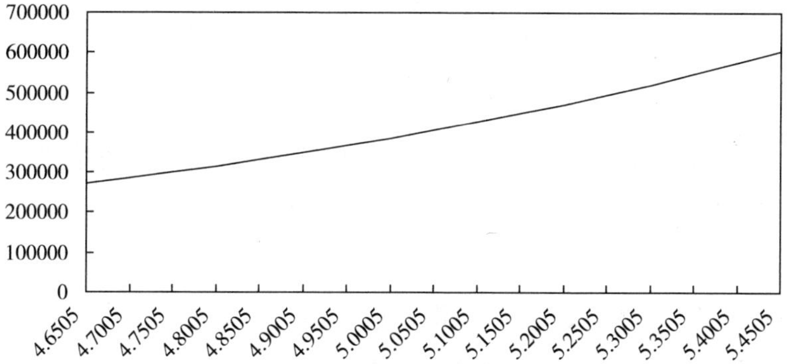

图 5-2　对数收益率和最大期望利润关系图

大而增大，而且随着期望收益率的增加，最大期望利润、最优质押率增加的幅度越来越大。在该数例中，最优质押率为 0. 72001，价格期望值为 172. 6，价格标准差为 31. 5，期望收益率为 5. 1505，最大期望利润为 448006，比较符合现实情况。

这说明当质押存货期末价格服从对数正态分布时，银行应兼顾对数收益率对最优质押率、最大期望利润的影响，在选择质押存货时，银行应选择具有适当的对数收益率的存货，并制定相应的最优质押率，以获得最大期望利润。如果质押存货具有较大的对数收益率，那么银行应给予贷款企业该存货较高的质押率，即对初始一定价值的质押存货给予较高的贷款初始金额,从而获得较高的期望利润最大值,而对对数收益率较低的存货,则应给予较低的质押率,相应地获得较低的期望利润最大值。

二、对数波动率与最优质押率、期望利润最大值之间的关系

当质押存货期末价格服从对数正态分布时,对数波动率与最优质押率之间的函数关系可表示为 $\omega^*(\delta_1) = \dfrac{e^{u_1+\delta_1 z_\varepsilon}}{p_0(1+R)^T}$,期望利润最大值可表示为 $E(\pi_b(\omega^*)) = AQe^{u_1+\delta_1^2/2}\Phi(z_\varepsilon - \delta_1)$,其中 $\varepsilon = \dfrac{(1+R)^T-(1+r)^T}{Q(1+R)^T}$,$z_\varepsilon$ 为下概率 ε 的临界值。

这里 $\varepsilon = 0.031 < 0.5$,故最优质押率与对数波动率呈负相关关系。将上述数值代入表达式,对数波动率在 0.0075 至 0.0725 区间内进行取值,当对数波动率为特定数值时,可得到相应的最优质押率、价格期望值、价格标准差和最大期望利润,具体数值见表 5-2,同时可以得到最优质押率与对数波动率之间的关系图(见图 5-3),以及最大期望利润与对数波动率的关系图(见图 5-4)。

表 5-2 对数波动率与最优质押率、最大期望利润数值表

δ_1	ω^*	$E(p_T)$	$\sqrt{D(p_T)}$	$E(\pi_b(\omega^*))$
0.0075	0.75438	172.5	1.7	474954
0.0125	0.74738	172.5	4.7	469543
0.0175	0.74044	172.5	9.1	464144
0.0225	0.73356	172.6	15.1	458754
0.0275	0.72675	172.6	22.5	453375
0.0325	0.72001	172.6	31.5	448006
0.0375	0.71332	172.6	41.9	442646

续表

δ_1	ω^*	$E(p_T)$	$\sqrt{D(p_T)}$	$E(\pi_b(\omega^*))$
0.0425	0.70670	172.7	53.9	437296
0.0475	0.70014	172.7	67.4	431954
0.0525	0.69364	172.8	82.4	426620
0.0575	0.68720	172.8	98.9	421294
0.0625	0.68082	172.9	116.9	415975
0.0675	0.67450	172.9	136.5	410664
0.0725	0.66823	173.0	157.7	405359

参照表5-2的数据，通过分析对数波动率对最优质押率、最大期望利润的敏感性，可以发现随着对数波动率的增加，其对最优质押率的敏感性系数绝对值在1.25至1.40之间，且变动比较均匀，对期望利润最大值的敏感性系数绝对值在1060970至1082197之间，故对数波动率对期望利润最大值、最优质押率的敏感性显著大于对数收益率对期望利润最大值、最优质押率的敏感性。

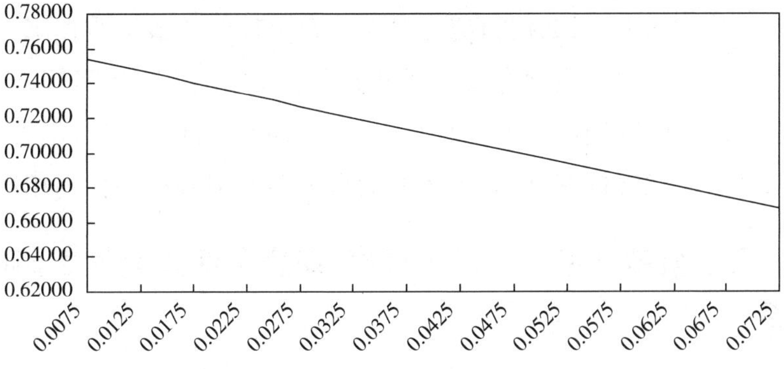

图5-3　对数波动率与最优质押率关系图

如图5-3和图5-4所示，当对数波动率取值在0.0075至0.0725区间内时，价格的期望值在172附近，价格标准差的波动幅度较大，偏差从1.7增至136.5，最大期望和利润最优质押率随

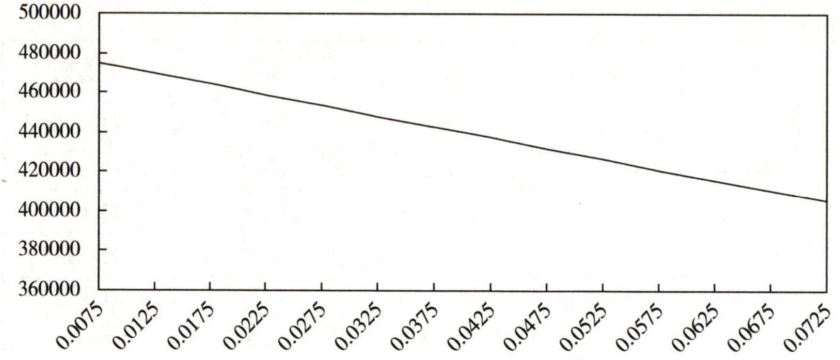

图 5-4 对数波动率与最大期望利润关系图

对数波动率的增大而减小，且减小幅度都比较均匀，在该数例中，当对数波动率为 0.0325 时，对应的价格均值为 172.6，价格标准差为 31.5，最优质押率为 0.72001，期望利润最大值为 448006。

针对质押存货期末价格服从对数正态分布的情况，银行应平衡对数波动率对最大期望利润和最优质押率的影响，在选择质押存货时，应该选择具有合适对数收益率的存货，据此制定相应的最优质押率，获得最大的期望利润。当 $\varepsilon>0.5$ 时，如果存货具有较大的对数波动率，那么银行应当给予该存货较低的最优质押率，即对初始一定价值的质押存货给予较低的贷款初始额，从而获得一个较低的期望利润最大值，而对于对数波动率较低的存货，则应给予较高的最优质押率，以获得较高的最大期望利润；反之，则相反。

三、贷款利率与最优质押率、期望利润最大值之间的关系

当质押存货的期末价格服从对数正态分布时，最优质押率和贷款利率二者的函数关系可表示为 $\omega^*(R)=\dfrac{e^{u_1+\delta_1 z_\varepsilon}}{p_0(1+R)^T}$，期望利润最大值可表示为 $E(\pi_b(\omega^*))=AQe^{u_1+\delta_1^2/2}\Phi(z_\varepsilon-\delta_1)$，其中 $\varepsilon=$

$\frac{(1+R)^T-(1+r)^T}{Q(1+R)^T}$，$z_\varepsilon$ 为下概率 ε 的临界值。

将上述数值代入表达式，并对贷款利率在 0.06 至 0.16 区间内进行取值，得到相应的最大质押率和期望利润，具体数值如表 5-3 所示，同时可以得到贷款利率与最优质押率二者的关系图（见图 5-5），以及贷款利率与最大期望利润二者的关系图（见图 5-6）。

表 5-3　贷款利率与最大期望利润、最优质押率数值表

R	ω^*	$E(\pi_b(\omega^*))$
0.06	0.72342	226064
0.07	0.72272	300462
0.08	0.72151	366232
0.09	0.72001	448006
0.10	0.71826	519721
0.11	0.71637	591096
0.12	0.71438	660926
0.13	0.71230	730957
0.14	0.71018	799899
0.15	0.70800	866512
0.16	0.70579	934025

结合表 5-3，对贷款利率对最优质押率、期望利润最大值的敏感性进行分析发现，随着贷款利率不断增大，其对最优质押率的敏感性系数绝对值分布在 0.071 至 0.221 区间内，且利率小于 0.10 时，敏感性系数变动较大，大于 0.10 时，变动较小，其对期望利润最大值的敏感性系数在 6458499 至 7997399 区间内，由此可见贷款利率对最优存货质押率的敏感性要显著地小于对数收益率对最优存货质押率的敏感性，而其对最大期望利润的敏感性却显著地

大于对数波动率对期望利润最大值的敏感性。

如图 5-5 和图 5-6 所示,当质押贷款利率在 0.06 至 0.16 之间变化时,最优存货质押率随着贷款利率的增大而减小,而且减小的幅度越来越小,期望利润最大值随着质押贷款利率增大而增大,且近似为直线。在该数例中,质押贷款利率为 0.09、最优质押率为 0.72001 时,最大期望利润为 448006。

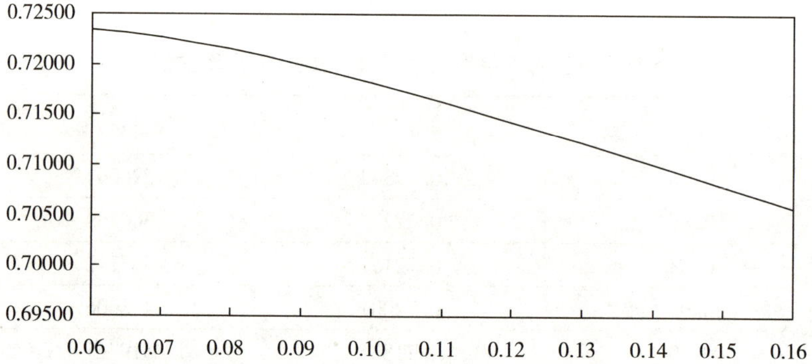

图 5-5　贷款利率与最大质押率关系图

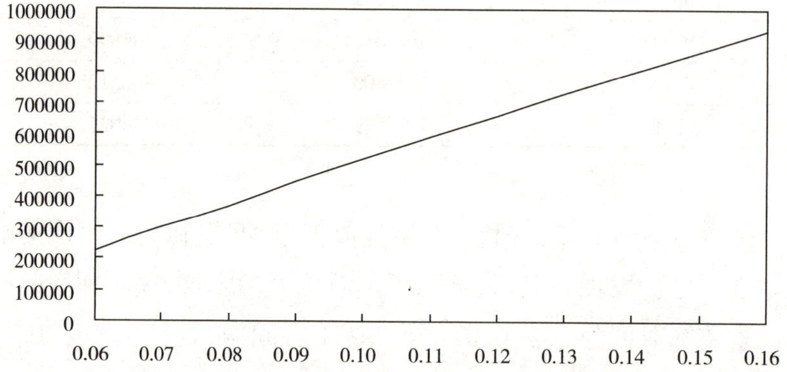

图 5-6　贷款利率与最大期望利润关系图

对于质押存货期末价格服从对数正态分布的情况,银行应权衡质押贷款利率对最优质押率、最大期望利润的影响,从而设定较为合适的存货质押率和较高的期望利润最大值。如果质押贷款利率越高,那么银行应当给予该存货较低的质押率,即对初始一定价值的质押存货给予较低的贷款初始金额,并获得较高的期望利润最大值,而对于较低的质押贷款利率,银行则应给予较高的质押率,从而获得较低的期望利润最大值。

四、贷款周期与最优质押率、期望利润最大值之间的关系

当质押存货期末价格服从对数正态分布时,贷款周期与最优质押率之间的函数关系式可表示为 $\omega^*(T)=\frac{e^{u_1+\delta_1 z_\varepsilon}}{p_0(1+R)^T}$,期望利润最大值可表示为 $E(\pi_b(\omega^*))=AQe^{u_1+\delta_1^2/2}\Phi(z_\varepsilon-\delta_1)$,其中 $\varepsilon=\frac{(1+R)^T-(1+r)^T}{Q(1+R)^T}$,$z_\varepsilon$ 为下概率 ε 的临界值。

将上述数值代入表达式,并对贷款周期在 0.25 至 2.00 区间内进行取值,便可得到相应的最优质押率和最大期望利润,详细数值见表 5-4,并可根据这些数据,得到贷款周期与最优质押率的关系图(见图 5-7),以及贷款周期与期望利润最大值的关系图(见图 5-8)。

表 5-4　贷款周期与最大期望利润、最优质押率数值表

T	ω^*	$E(\pi_b(\omega))$
0.25	0.72881	223507
0.50	0.72001	448006
0.75	0.70885	669553
1.00	0.69685	890769
1.25	0.68449	1106763
1.50	0.67193	1318733

续表

T	ω^*	$E(\pi_b(\omega))$
1.75	0.65945	1538938
2.00	0.64695	1748978

结合表 5-4，对贷款周期对最大期望利润、最优质押率进行敏感性分析，可以发现：随着贷款周期的增大，其对最优质押率的敏感性系数绝对值分布在 0.035 至 0.050 之间，而且当贷款周期大于 1.00 时，敏感性系数几乎保持不变，而贷款周期小于 1.00 之前，敏感性系数变动率较大，对期望利润最大值的敏感性系数分布在 840162 至 897996 之间，由此可见贷款周期对最优质押率的敏感性要稍低于贷款利率对最优质押率的敏感性，而对最大期望利润的敏感性大小，则介于对数收益率和对数波动率对最大期望利润的敏感性之间。

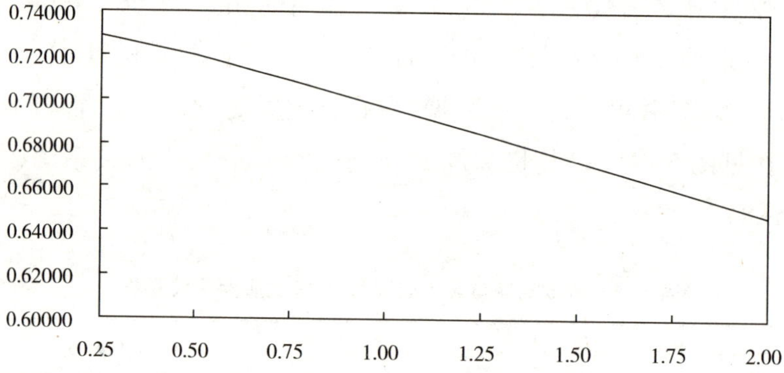

图 5-7　贷款周期于最优质押率关系图

如图 5-7 和图 5-8 所示，当贷款周期在 0.25 至 2.00 区间内变化时，最优质押率会随着贷款周期的增大而减小，但当贷款周期小于 0.50 时，最优质押率的减小速度较慢，当贷款周期大于 0.50 时，最优质押率的减小速度较快而且比较均匀，期望利润最大值会

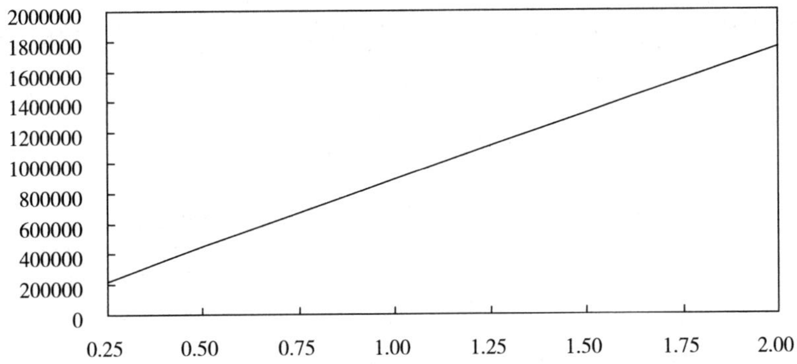

表 5-8 贷款周期与最大期望利润关系图

随着贷款周期的增大而增大,而且贷款周期与最大期望利润的函数关系可以近似地用直线来表示。在该数例中,当最优质押率为 0.72001、贷款周期为 0.5 时,银行的期望利润最大值为 448006。

当质押存货的期末价格服从对数正态分布时,银行应权衡贷款周期对最优质押率、最大期望利润的影响,对不同生产周期的质押贷款企业,制定不同的最优质押率,以获得相应的最大期望利润。当贷款周期越大时,银行应当给予该存货较低的质押率,即对初始一定价值的质押存货给予较低的质押贷款初始额,而当贷款周期较小时,银行应当给予较高的存货质押率。

五、违约概率与最优质押率、期望利润最大值之间的关系

当质押存货的期末价格服从对数正态分布时,违约概率与最优质押率二者的函数关系式可表示为 $\omega^*(Q)=\dfrac{e^{u_1+\delta_1 z_\varepsilon}}{p_0(1+R)^T}$,期望利润最大值可表示为 $E(\pi_b(\omega^*))=AQe^{u_1+\delta_1^2/2}\Phi(z_\varepsilon-\delta_1)$,其中 $\varepsilon=\dfrac{(1+R)^T-(1+r)^T}{Q(1+R)^T}$,$z_\varepsilon$ 为下概率 ε 的临界值。

将上述数值代入表达式，并对违约概率在 0.1 至 1.0 区间内进行取值，可得到相对应的最优质押率和最大期望利润，具体数值见表 5-5，并且可以得到违约概率与最优质押率的关系图（见图 5-9），以及违约概率与期望利润最大值的关系图（见图 5-10）。

表 5-5　违约概率与最大期望利润、最优质押率数值表

Q	ω^*	$E(\pi_b(\omega))$
0.1	0.75059	463032
0.2	0.73856	457282
0.3	0.73283	454349
0.4	0.72915	452435
0.5	0.72647	451215
0.6	0.72436	449409
0.7	0.72265	448265
0.8	0.72124	448999
0.9	0.72001	448006
1.0	0.71890	446872

结合表 5-5，对质押违约概率对最大期望利润、最优质押率的敏感性进行比较分析发现，随着质押违约概率的增加，其对最大质押率的敏感性系数绝对值分布在 0.011 至 0.120 区间内，且质押违约概率较小时，变动的幅度较大，其对期望利润最大值的敏感性系数绝对值分布在 7336 至 57501 区间内，质押贷款违约概率对最优质押率的敏感性显著地小于对数收益率，但在质押贷款违约概率较小时，则可能大于质押贷款周期对最优质押率的敏感性，甚至大于质押贷款利率对最优质押率的敏感性，质押贷款违约概率对期望利润最大值的敏感性显著地小于其他四项指标对期望利润最大值的敏感性。

如图 5-9 和图 5-10 所示，当质押贷款违约概率从 0.1 增大

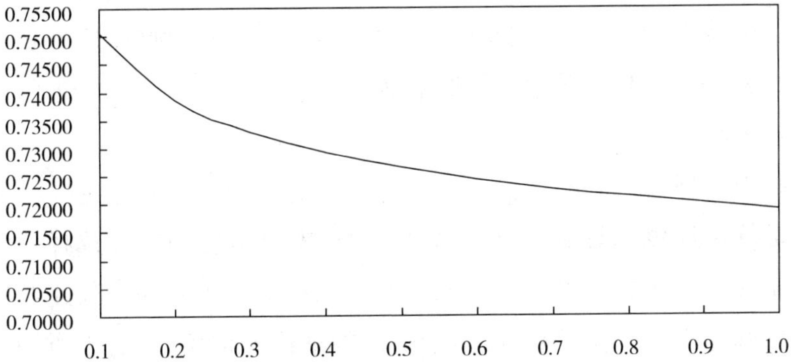

图 5-9　违约概率与最优质押率关系图

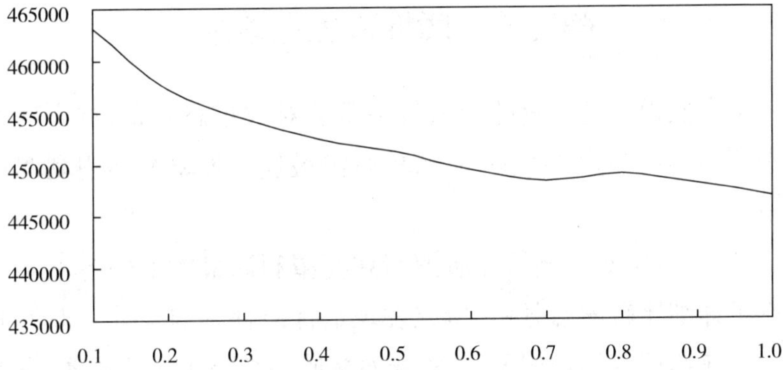

图 5-10　违约概率与最大期望利润关系图

到 1.0 时,最优质押率逐渐减小,且减小的幅度越来越小,即当质押贷款违约概率较小时,最优质押率减小得较快,当质押贷款违约概率较大时,最优质押率减小得较慢。在该数例中,当质押贷款违约概率大于 0.8 时,最优质押率虽然仍呈现逐渐减小的趋势,但是其减小幅度变得微小,而质押贷款违约概率小于 0.8 时,随着质押贷款违约概率的增大,最优质押率减小得相对较快。期望利润最大值的变化则较为复杂,当质押贷款违约概率小于 0.7 时,期望利润最大值会随着质押贷款违约概率的增大而减小,且减小的速度相对较快,当质押贷款违约概率大于 0.7 时,期望利润最大值会先增大后减小,且增大和减小的速度均较慢。在该数例中,质押贷款违约概率为 0.9、最优质押率为 0.72001 时,最大期望利润为 448006。

当质押存货的期末价格服从对数正态分布时,银行应权衡质押贷款违约概率对最优质押率、最大期望利润的影响,在选择贷款企业时,应评估和分析借款企业的违约概率,对于质押贷款违约概率较低的贷款企业,银行应给予较高的最优质押率,而对于质押贷款违约概率较高的贷款企业,银行则应当给予较低的最优质押率。

第三节　质押率优化策略

本章假设质押存货的期末价格服从对数正态分布,首先建立单周期质押下存货质押率模型,求解出最优质押率和期望利润最大值。

其次,分别对影响最优质押率和期望利润最大值的各主要因素作了详细比较静态分析,研究发现最优质押率与贷款企业的质押贷款违约概率呈负相关关系,与对数收益率呈正相关关系,在一定条件下对数波动率呈正相关关系,而不满足该条件时,与对数波动率呈负相关关系;期望利润最大值与贷款利率、对数收益率、贷款周期呈正相关关系。

最后,本章采用数例对该单周期质押下的质押率模型进行了详细的分析,分析结果验证了静态质押下质押率模型研究的相关结论、定理及推论。

第六章　多周期动态存货质押贷款的质押率优化模型

由于单周期质押下，银行提供的最优质押率随质押贷款周期的增大而减小，故对于有较长贷款周期的一次性质押贷款业务来说，银行设定的贷款质押率就越小，从而初始质押贷款额就越小，即银行能够获得的期望利润就越小，并且在单周期静态质押下，由于质押贷款周期长，银行对存货质押贷款业务的风险控制能力有限，故在此基础上，本章构建动态存货质押率模型。国内外关于动态存货质押的研究相对较少，陈宝峰、冯耕中和李毅学(2007)在关于存货价值下限动态控制的存货质押融资业务的研究中，构建了用于度量存货质押融资贷款业务的价值风险水平模型，研究发现对价值风险敏感性最大的是贷款价值比率，其他依次是持仓量、物流企业变现能力、贷款利率。[①] 李娟、徐渝、冯耕中等(2007)在存货质押阶段贷款最优决策研究中发现，与一次性质押贷款相比，阶段质押贷款可以使银行分享更多的剩余，可以提高效率和物流企业的监督努力水平。[②] 魏杏芳(2013)对阶段性质押贷款进行研究发现，阶段性质押贷款比一次性质押贷款具有优势，并提出了存

① 陈宝峰、冯耕中、李毅学：《存货质押融资业务的价值风险度量》，《系统工程》2007 年第 25 卷第 10 期，第 21—26 页。

② 李娟、徐渝、冯耕中、李毅学：《基于存货质押融资业务的阶段贷款最优决策研究》，《运筹与管理》2007 年第 16 卷第 1 期，第 9—13 页。

货质押融资中银行应该通过合理设计契约来辅助阶段性质押贷款策略的实施。①

与现有动态质押贷款下质押率模型为整个贷款周期设定统一的存货质押率不同，本章所构建的动态存货质押率模型假定在每次存货补仓时，银行可根据上期末观测到的存货价格水平，重新设定一个存货质押率②，若贷款企业补足质押存货，则贷款业务可以继续进行，若贷款企业没有对存货进行补仓，则质押贷款业务终止，这样银行可提前发现业务风险，获得更大期望收益。同时，由于将整个质押贷款周期划分为多个阶段，则银行可为贷款企业设定一个较高的存货质押率，从而获得较高的期望收益。

第一节　模型假设与构建

一、动态质押下模型假设

假设 6-1：同单周期质押贷款下存货质押率模型假设 5-1 一样，假定银行、借款企业、物流企业都是风险中立的，即它们对于一项风险资产的效用和该项风险资产的期望值效用是一样的，因此它们的目标是最优化各自的期望值。

假设 6-2：银行对贷款企业的贷款期限为 T，将贷款期限划分为 n 个相等的阶段，即存货的补仓频率为 n，各阶段的时间长度为 t（即存货补仓的时间间隔），存货补仓频率和补仓间隔满足等式 $tn = T$。在某阶段期末，如果质押存货的可贷价值小于银行所约

① 魏杏芳：《存货质押融资中最优阶段贷款决策问题研究》，《物流技术》2013 年第 34 卷第 5 期，第 370—373 页。

② 王桦：《基于不同质押方式下的存货及其组合质押率模型研究》，云南师范大学硕士学位论文，2015 年。

定的本利和，贷款企业就需进行一次存货补仓，即补充一定量的质押存货，使得期末存货的可贷价值与银行所约定的本利和相等。由于企业质押贷款违约概率对质押率的影响较小，为方便分析，假定贷款企业的违约概率为1，即在质押贷款某阶段期末，质押存货的市场价值小于银行所要求的本利和，借款企业一定违约（存货可贷价值=存货当前市场价值×质押率）。

假设6-3：在质押贷款期初，贷款企业将数量为 A 价格为 p_0 的存货X作为质押物向银行提出存货组合质押贷款申请，银行通过了解分析存货期初价格，合理设定单位价值量的质押率 ω_0，则在质押贷款期初，贷款企业从银行获得的质押贷款额为 $\omega p_0 A = \omega h_0$，其中 $h_0 = p_0 A$ 为质押存货初始市场价值。

假设6-4：银行的资金成本为存款利息率 r，存货质押贷款业务的贷款利率为 R。由于第三方物流企业对存货提供仓储、监管等会产生物流服务成本，故将该项成本并入贷款利率，银行和第三方物流企业签订收益分享合同 $(s, 1-s)$，约定银行将所实现收益的 $1-s$ 比例支付给第三方物流企业，而自身留存剩余 s 比例的利润。

假设6-5：存货X在质押贷款每阶段期末的价格 p_k 服从对数正态分布，$f_{p_k}(x)$、$F_{p_k}(x)$ 分别表示价格相对应的密度函数和概率分布函数，质押存货的对数波动率和对数收益率 δ_1、u_1 为常量，p_k 表示质押贷款第 k 阶段期末的存货价格。

二、动态质押下模型构建

该动态存货质押贷款共分为 n 个相等的阶段，在第一阶段开始，贷款企业以数量为 A_0 价格为 p_0 的存货X作为质押物向银行申请贷款，银行决定单位价值量的质押率为 ω_0，在质押贷款期初借款企业从银行获得的贷款金额为 $A_0\omega_0 p_0$。在第 k 阶段开始时（ $k =$

$1,2,\cdots,n$)，银行决定质押率为 ω_{k-1} ，当质押存货的可贷价值等于银行所要求的本利和时，即 $A_{k-2}\omega_{k-1}p_{k-1}=A_0\omega_0p_0\,(1+R)^{t(k-1)}$ （ p_{k-1} 为 $k-1$ 阶段结束时的质押存货市场价格，A_{k-2} 为 $k-1$ 阶段期初的质押存货数量），此时新的质押贷款合约尚未签订，则贷款企业既不需要减仓也不需要补充质押存货，令 $A_{k-1}=A_{k-2}$ ，存货质押贷款业务继续进行；当质押存货的可贷价值大于银行所要求的本利和时，即 $A_{k-2}\omega_{k-1}p_{k-1}>A_0\omega_0p_0\,(1+R)^{t(k-1)}$ ，贷款企业可减少一定量质押存货，使得 $A_{k-1}\omega_{k-1}p_{k-1}=A_0\omega_0p_0\,(1+R)^{t(k-1)}$ ，存货质押业务继续进行；当质押存货的可贷价值小于银行所要求的本利和，且质押存货的市场价值大于等于银行要求的本利和时，即 $A_{k-2}\omega_{k-1}p_{k-1}<A_0\omega_0p_0\,(1+R)^{t(k-1)}$ 且 $A_{k-2}p_{k-1}\geqslant A_0\omega_0p_0\,(1+R)^{t(k-1)}$ ，此时，贷款企业补充质押存货，使得 $A_{k-1}\omega_{k-1}p_{k-1}=A_0\omega_0p_0\,(1+R)^{t(k-1)}$ ，质押贷款业务继续进行，当质押存货的市场价值小于银行所要求的本利和时，即 $A_{k-2}p_{k-1}<A_0\omega_0p_0\,(1+R)^{t(k-1)}$ ，贷款企业会选择违约，存货质押贷款业务进入清算程序。故在前 $k-1$ 阶段期末，若 $A_{k-2}p_{k-1}\geqslant A_0\omega_0p_0\,(1+R)^{t(k-1)}$ 时，贷款企业选择不违约，在第 k 阶段开始时始终满足以下等式，即 $\omega_{k-1}p_{k-1}A_{k-1}=\omega_0p_0A_0\,(1+R)^{t(k-1)}$ 。

对贷款企业的质押违约状态进行分析。由以上分析可知，在第 k 阶段期初，贷款企业开展质押贷款业务，始终有 $A_{k-1}\omega_{k-1}p_{k-1}=A_0\omega_0p_0\,(1+R)^{t(k-1)}$ 。在第 k 阶段期末，当质押存货的市场价值大于银行所要求的本利和时，即 $A_{k-1}p_k>A_{k-1}\omega_{k-1}p_{k-1}\,(1+R)^t=A_0\omega_0p_0\,(1+R)^{t(k-1)}$ ，贷款企业选择不违约，此时银行的利润函数为 $\pi_b(\omega_{k-1})=A_{k-1}\omega_{k-1}p_{k-1}[(1+R)^t-(1+r)^t]$ 。

当质押存货的市场价值小于或等于银行所要求的本利和时，即 $A_{k-1}p_k\leqslant A_{k-1}\omega_{k-1}p_{k-1}\,(1+R)^t=A_0\omega_0p_0\,(1+R)^{t(k-1)}$ ，贷款企

业选择违约，存货质押业务终止，此时银行的利润为 $\pi_b(\omega_{k-1}) = A_{k-1}A_{k-1}\omega_{k-1}P_{k-1}[(1+R)^t-(1+r)^t]$。

由此，可以得到银行的期望利润函数为

$$E(\pi_b(\omega_{k-1})) = A_{k-1}\omega_{k-1}p_{k-1}[(1+R)^t-(1+r)^t]\int_{\omega_{k-1}p_{k-1}(1+R)^t}^{+\infty} f_{p_k}(x)\,dx + \int_0^{\omega_{k-1}p_{k-1}(1+R)^t}\begin{pmatrix}A_{k-1}x - A_{k-1}\omega_{k-1}\\ p_{k-1}(1+r)^t\end{pmatrix} f_{p_k}(x)\,dx$$

$$= A_{k-1}\omega_{k-1}p_{k-1}[(1+R)^t-(1+r)^t] + A_{k-1}\int_0^{\omega_{k-1}p_{k-1}(1+R)^t}(x-\omega_{k-1}p_{k-1}(1+R)^t)f_{p_k}(x)\,dx$$

$$= A_{k-1}\omega_{k-1}p_{k-1}[(1+R)^t-(1+r)^t] - \int_0^{\omega_{k-1}p_{k-1}(1+R)^t} A_{k-1}F_{p_k}(x)\,dx \tag{6-1}$$

因此，动态存货质押率模型为

$$\mathrm{Max}E(\pi_b(\omega_{k-1})) = A_{k-1}\omega_{k-1}p_{k-1}[(1+R)^t-(1+r)^t] - \int_0^{\omega_{k-1}p_{k-1}(1+R)^t} A_{k-1}F_{p_k}(x)\,dx$$

$$s.t.\quad 0 < \omega_{k-1} < 0 \tag{6-2}$$

其中，价格 p_k 服从对数正态分布，即 $\ln p_k \sim N(u_1,\delta_1^2)$，$f_{p_T}(x) = \frac{1}{\delta_1 x\sqrt{2\pi}}\exp\left[-\frac{1}{2}\left(\frac{\ln x-u_1}{\delta_1}\right)^2\right]$ 为其概率密度函数，$F_{p_T}(x)$ 为其对应的分布函数。

定理 6-1：在动态存货质押贷款业务的第 $k-1$ 阶段期末，若 $A_{k-2}p_{k-1} \geqslant A_0\omega_0p_0(1+R)^{t(k-1)}$，银行可以分别对第 1—$k$ 阶段设定一个质押率，使前 k 阶段的各阶段期望利润取得最大值。

证明：在第一阶段期初，银行可以设定存货质押率为 ω_0^*，以使得第一阶段期末的期望利润最大化，此时，银行的期望利润函数为：

$$E(\pi_b(\omega_0)) = A_0\omega_0 p_0[(1+R)^t - (1+r)^t] - \int_0^{\omega_0 p_0(1+R)^t} A_0 F_{p_1}(x)\,dx \tag{6-3}$$

由单周期存货质押率模型研究可知，动态存货质押下第一阶段存在最优质押率，使第一阶段银行达到期望利润最大化，可得第一阶段的最优质押率为：

$$\omega_0^* = \frac{e^{u_1+\delta_1 z_{\varepsilon'}}}{p_0(1+R)^t} \tag{6-4}$$

其中，$0 < \omega_0^* < 1$，$\varepsilon' = \dfrac{(1+R)^t - (1+r)^t}{(1+R)^t}$，可知 ω_0^* 的大小只取决于期初价格 p_0、质押贷款利率 R、无风险利率 r、补仓时间间隔 t、对数正态分布的对数收益率 u_1、对数波动率 δ_1，由于这些变量是已知的，因此最优存货质押率 ω_0^* 被唯一确定。

假设在质押贷款的第 $k-1$ 阶段末，$A_{k-2}p_{k-1} \geqslant A_0\omega_0 p_0(1+R)^{t(k-1)}$，即质押存货的市场价值不小于银行所要求的本利和，贷款企业选择不违约，那么在质押贷款第 k 阶段期初，假定此时质押存货数量为 A_{k-1}，银行通过设定最优质押率为 ω_{k-1}^*，以使自己在第 k 阶段期末获得最大期望利润，此时，银行的期望利润函数为

$$E(\pi_b(\omega_{k-1})) = A_{k-1}\omega_{k-1}p_{k-1}[(1+R)^t - (1+r)^t] - \int_0^{\omega_{k-1}p_{k-1}(1+R)^t} A_{k-1}F_{p_k}(x)\,dx \tag{6-5}$$

存货质押业务进行到第 k 阶段期初时，存货的价格 p_{k-1} 等变量都为已知常量，那么动态存货质押下第 k 阶段的最优存货质押率

$$\omega_{k-1}^* = \frac{e^{u_1+\delta_1 z_{\varepsilon'}}}{p_{k-1}(1+R)^t} \tag{6-6}$$

其中，$0 < \omega_{k-1}^{*} < 1$，$\varepsilon' = \frac{(1+R)^{t} - (1+r)^{t}}{(1+R)^{t}}$，由于 r、t、u_1、p_{k-1}、R、δ_1 已知，因此 ω_{k-1}^{*} 被唯一确定。

故在动态存货质押下，若在第 $k-1$ 阶段期末，$A_{k-2}p_{k-1} \geq A_0\omega_0 p_0 (1+R)^{t(k-1)}$，银行可以分别对第 1—$k$ 阶段设定特定的存货质押率，使在前 k 阶段的每个阶段的期望利润最大化。

定理证毕。

说明：在动态存货质押模式下，银行可通过将贷款期限划分为有限个相等阶段，并为每阶段初设定一个特定的存货质押率，确保银行在每个阶段的期望利润取得最大值。若在质押贷款某阶段期初，质押存货的可贷价值大于或等于银行要求的本利和，质押贷款业务继续进行；若此时质押存货的可贷价值小于银行所要求的本利和，且质押存货的市场价值不小于银行所要求的本利和，贷款企业会补足差额，贷款业务继续进行；若此时贷款企业质押存货的市场价值小于银行所要求的本利和，贷款企业会选择违约，贷款业务终止。

推论 6-1：在每次存货补仓时，若补仓时的存货市场价格大于等于 $e^{u_1+\delta_1 z_{\varepsilon}'}$，贷款企业会选择遵守合约，并进行一次存货补仓，且第 k 阶段期初贷款企业须补充的存货数量为 $A_0 (1+R)^{t(k-2)} ((1+R)^{t} - 1)$。

证明：因为，当质押贷款第 $k-1$ 阶段期末存货的市场价格不小于银行所要求的本利和时，即 $A_{k-2}p_{k-1} \geq A_0\omega_0^{*} p_0 (1+R)^{t(k-1)}$，借款企业不会选择违约，并且需要进行一次补仓。

在第 k 阶段期初，银行的最优质押率为 $\omega_{k-1}^{*} = \frac{e^{u_1+\delta_1 z_{\varepsilon}'}}{p_{k-1}(1+R)^{t}}$，

其中 $\varepsilon' = \frac{(1+R)^{t} - (1+r)^{t}}{(1+R)^{t}}$，则必有该阶段期初的可贷价值等

于市场价值，即 $A_{k-1}\omega_{k-1}^{*}p_{k-1} = A_0\omega_0^{*}p_0 (1+R)^{t(k-1)}$，其中 $p_{k-1}\omega_{k-1}^{*} = e^{u_1+\delta_1 z_\varepsilon'}/(1+R)^t$，可以得到 $A_{k-1} = A_0(1+R)^{t(k-1)}$，同理，$A_{k-2} = A_0(1+R)^{t(k-2)}$，故补充存货数量 $A_{k-1}' = A_{k-1} - A_{k-2} = A_0(1+R)^{t(k-2)}((1+R)^t - 1)$。

因为 $A_{k-2} = A_0(1+R)^{t(k-2)}$，$\omega_0^{*} = \dfrac{e^{u_1+\delta_1 z_\varepsilon'}}{p_0(1+R)^t}$，故可以得到 $p_{k-1} \geqslant e^{u_1+\delta_1 z_\varepsilon'}$，即当每次补充存货时，若质押存货的市场价格不小于 $e^{u_1+\delta_1 z_\varepsilon'}$，即此时质押存货的市场价值不小于银行所要求的本利和，贷款企业必不会违约。

故当第 k 阶段期初进行补仓时，若此时的质押存货市场价格满足 $p_{k-1} \geqslant e^{u_1+\delta_1 z_\varepsilon'}$，则贷款企业不会选择违约，此时贷款企业须补充的存货数量为 $A_0(1+R)^{t(k-2)}((1+R)^t - 1)$。

由上述分析可知，在每次存货补仓时，若补仓时存货的市场价格不小于 $e^{u_1+\delta_1 z_\varepsilon'}$，贷款企业必不会违约，并进行一次存货补仓，且第 k 阶段期初贷款企业须补充存货数量为 $A_0(1+R)^{t(k-2)}((1+R)^t - 1)$。

推论证毕。

推论 6-2：贷款企业在进行存货补仓时，每次补充的质押存货的市场价值会大于银行在该阶段获得的利息。

证明：由推论 6-1 可知，若在存货质押的第 $k-1$ 阶段末，贷款企业不违约，则必有 $p_{k-1} \geqslant e^{u_1+\delta_1 z_\varepsilon'}$，从而贷款企业须补充的存货数量为 $A_0(1+R)^{t(k-2)}((1+R)^t - 1)$，补仓存货的市场价值为 $A_0 p_{k-1}(1+R)^{t(k-2)}((1+R)^t - 1)$。

而在存货质押的第 $k-1$ 阶段，银行所要求的利息为 $p_0 A_0 \omega_0^{*}(1+R)^{t(k-2)}((1+R)^t - 1)$，其中 $p_0\omega_0^{*} = e^{u_1+\delta_1 z_\varepsilon'}/(1+R)^t$，即 $p_{k-1} \geqslant e^{u_1+\delta_1 z_\varepsilon'} > e^{u_1+\delta_1 z_\varepsilon'}/(1+R)^t$，即满足补仓的质押存货的市场价

值大于该阶段银行的利息。

推论证毕。

说明：银行通过满足每次补仓的存货市场价值略大于该阶段获得的利息，从而达到控制质押风险的目的。

推论 6-3：与单周期静态存货质押相比，银行各个阶段的违约概率要小于单周期静态质押下的期末违约概率，且存货补仓次数越多，动态存货质押下各个阶段贷款企业的违约概率越小。

证明：在动态存货质押下，若第 k 阶段补仓时，借款企业选择违约，则必有 $p_{k-1} < e^{u_1+\delta_1 z_{\varepsilon}'}$，即此时贷款企业的违约概率为 $P(p_{k-1} < e^{u_1+\delta_1 z_{\varepsilon}'})$，其中，$\varepsilon' = 1 - \left(\frac{1+r}{1+R}\right)^{t}$。

在单周期静态存货质押下，若期末存货的市场价值小于银行所要求的本利和，即 $Ap_T < A\omega^* p_0 (1+R)^T = Ae^{u_1+\delta_1 z_{\varepsilon}}$，$p_T < e^{u_1+\delta_1 z_{\varepsilon}}$，则贷款企业的违约概率为 $P(p_T < e^{u_1+\delta_1 z_{\varepsilon}})$，其中，$\varepsilon = 1 - \left(\frac{1+r}{1+R}\right)^{nt}$。

因为 $t < nt$，则 $\varepsilon > \varepsilon'$，即 $e^{u_1+\delta_1 z_{\varepsilon}} > e^{u_1+\delta_1 z_{\varepsilon}'}$，即 $P(p_{k-1} < e^{u_1+\delta_1 z_{\varepsilon}}) > P(p_{k-1} < e^{u_1+\delta_1 z_{\varepsilon}'})$，且 n 越大，即存货补仓的次数越多，后者比前者小越多，故与单周期静态质押相比，各个阶段的违约概率要小于单周期静态质押期末的违约概率。

推论证毕。

说明：与单周期静态质押下相比，动态存货质押下的贷款企业更不会选择违约，且存货补仓的次数越多，越不容易发生违约。

第二节　动态存货质押贷款数例分析

和单周期静态质押下的假设相同，质押存货的价格服从对数正态分布，即 $\ln p_T \sim N(u_1, \delta_1^2)$，令 $\delta_1 = 0.0325$，$u_1 = 5.1505$，故期

末的价格期望值为$E(p_T)=172.6$,标准差为$\sqrt{D(p_T)}=31.5$,密度函数为$f_{p_T}(x)=\frac{1}{\delta_1 x\sqrt{2\pi}}\exp\left[-\frac{1}{2}\left(\frac{\ln x-u_1}{\delta_1}\right)^2\right]$,令质押贷款利率$R=0.09$,无风险利率$r=0.03$,存货的初始价格$p_0=216$,存货的初始质押数量$A=100000$,和单周期静态质押不同,设贷款周期$T=2.0$,违约概率$Q=1$,为了简化分析,令补仓频率$n=4$,补仓的时间间隔$t=0.5$。

根据本章建立的动态存货质押模型,为了确保第一阶段银行的期望利润最大化,第一阶段最优质押率需满足$\omega_0^*=0.71890$,其对应的期望利润最大值$E(\pi_b(\omega_0^*))=446872$。

若在质押贷款的第一阶段末,质押存货市场价值等于银行要求的本利和,即$A_0p_1=A_0\omega_0^*p_0(1+R)^{0.5}$,此时贷款企业不会选择违约。在第二阶段初,银行的最优质押率$\omega_1^*=\frac{e^{u_1+\delta_1 z_\varepsilon'}}{p_1(1+R)^t}$,此时存货的可贷价值为$A_0\omega_1^*p_1$,市场价值为$p_1A_0$,银行所要求的本利和为$A_0\omega_0^*p_0(1+R)^{0.5}$。在第二阶段期初,银行所要求的质押存货数量为$A_1$,这些值都可以通过上述模型分析框架计算出来,详见表6-1。因为$A_0\omega_1^*p_1<A_0\omega_0^*p_0(1+R)^{0.5}$且$A_0p_1>A_0\omega_0^*p_0(1+R)^{0.5}$,贷款企业必定选择存货补仓,补充的存货数量$A_1''=4403.07$,其对应的最大期望利润$E(\pi_b(\omega_1^*))=446872$。

表6-1 第二阶段初相关数据表

p_1	A_0	p_1A_0	$\omega_1^*p_1A_0$	$\omega_0^*p_0A_0(1+R)^{0.5}$	A_1
162.12	100000	16211959	15528240	16211959	104403.07

在质押贷款周期为1.0的单周期质押下,最优质押率$\omega^*=$

0.69567,期望利润最大值 $E(\pi_b(\omega))=890159$,若期末存货的市场价值等于银行所要求本利和,则 $A_0p_T=A_0\omega^*p_0(1+R)^{1.0}$,即 $p_T=163.79$。

若此时质押存货的价格满足 $p_T>163.79$,无论是单周期静态质押下,还是动态存货质押下,贷款企业都不会选择违约,静态存货质押下的利润为 $A_0\omega^*p_0((1+R)^{1.0}-(1+r)^{1.0})=901588$,动态存货质押下的利润为 $A_0\omega_0^*p_0((1+R)^{1.0}-(1+r)^{1.0})=931694$。若此时质押存货的价格满足 $162.12<p_T<163.79$,在单周期静态质押下,企业选择违约,其利润为 $A_0p_T-A_0\omega^*p_0(1+r)^{1.0}=A_0(p_T-154.77)$,在动态存货质押下,企业不会选择违约,其利润为 931694。若此时价格 $p_T<162.12$,在单周期静态质押下,企业选择违约,其利润为 $A_0(p_T-154.77)$,此时盈亏平衡点的价格为 154.77,动态存货质押下,企业选择违约,其利润为 $A_1p_T-A_0\omega_0^*p_0(1+r)^{1.0}=A_1p_T-159.94A_0$,此时的盈亏平衡点价格 $p_T=152.19$。

若在存货质押贷款的第二阶段末,存货的市场价值等于银行要求的本利和,即 $A_1p_2=A_1\omega_1^*p_1(1+R)^{0.5}$,此时贷款企业不会选择违约。在第三阶段期初,银行的最优质押率 $\omega_2^*=\dfrac{e^{u_1+\delta_1z_\varepsilon'}}{p_2(1+R)^t}$,此时存货的可贷价值为 $A_1\omega_2^*p_2$,市场价值为 A_1p_2,银行所要求的本利和为 $A_1\omega_1^*p_1(1+R)^{0.5}$。第二阶段初银行所要求的质押存货数量为 A_2,这些数据都可通过上述模型计算出来,详见表 6-2。由于 $A_1\omega_2^*p_2<A_1\omega_1^*p_1(1+R)^{0.5}$ 且 $A_1p_2>A_1\omega_1^*p_1(1+R)^{0.5}$,贷款企业必定选择存货补仓,补充的存货数量为 $A_2''=4596.93$,其对应的最大期望利润 $E(\pi_b(\omega_2^*))=446872$。

表 6-2　第三阶段初相关数据表

p_2	A_1	p_2A_1	$\omega_2^* p_2A_1$	$\omega_1^* p_1A_1\ (1+R)^{0.5}$	A_2
162.12	104403.07	16925782	16211959	16925782	109000

在贷款周期为 1.5 的单周期静态质押下，最优存货质押率 $\omega^* = 0.67072$，期望利润最大值 $E(\pi_b(\omega)) = 1322709$，若质押期末存货的市场价值等于银行所要求本利和，$A_0p_T = A_0\omega^* p_0 (1+R)^{1.5}$，即 $p_T = 164.87$。

若此时质押存货的价格满足 $p_T > 164.87$，无论是单周期静态质押下，还是动态存货质押下，贷款企业都不会违约，单周期静态存货质押下的利润为 $A_0\omega^* p_0((1+R)^{1.5} - (1+r)^{1.5}) = 1342381$，动态存货质押下的利润为 $A_0\omega_0^* p_0((1+R)^{1.5} - (1+r)^{1.5}) = 1438809$。若此时质押存货的价格满足 $162.12 < p_T < 164.87$，在单周期静态质押下，贷款企业选择违约，其利润为 $A_0p_T - A_0\omega^* p_0 (1+r)^{1.5} = (p_T - 151.44) A_0$，在动态存货质押下，企业选择不违约，其利润为 1438809。若此时满足 $p_T < 162.12$，在单周期静态质押下，企业选择违约，其利润为 $A_0(p_T - 151.44)$，此时的盈亏平衡点的价格为 151.44，在动态存货质押下，企业选择违约，其利润为 $A_2p_T - A_0\omega_0^* p_0 (1+r)^{1.5} = A_2p_T - 162.32A_0$，此时盈亏平衡点的价格为 148.92。

若在质押贷款的第三阶段末，质押存货市场价值等于银行所要求的本利和，即 $A_2p_3 = A_2\omega_2^* p_2 (1+R)^{0.5}$，此时贷款企业不会违约。在第三阶段期初，银行要求的最优质押率 $\omega_3^* = \dfrac{e^{u_1+\delta_1 z_e'}}{p_3 (1+R)^t}$，此时存货的可贷价值为 $A_2\omega_3^* p_3$，市场价值为 A_2p_3，银行所要求的本利和为 $A_2\omega_2^* p_2 (1+R)^{0.5}$。第二阶段初银行要求的质押存货数

量为 A_3，这些数量都可通过上述模型分析计算出来，见表6-3。因为 $A_2\omega_3^* p_3 < A_2\omega_2^* p_2(1+R)^{0.5}$ 且 $A_2p_3 > A_2\omega_2^* p_2(1+R)^{0.5}$，贷款企业必定选择存货补仓，补充的存货数量为 $A_3'' = 4799.34$，其对应的最大期望利润 $E(\pi_b(\omega_3^*)) = 446872$。

表6-3　第四阶段初相关数据表

p_3	A_2	p_3A_2	$\omega_3^* p_3A_2$	$\omega_2^* p_2A_2(1+R)^{0.5}$	A_3
162.37	109000	17671035	16925782	17671035	113799.34

在贷款周期为2.0的单周期静态质押下，最优存货质押率 $\omega^* = 0.64564$，期望利润最大值 $E(\pi_b(\omega)) = 1746505$，若期末存货的市场价值等于银行所要求本利和，$A_0p_T = A_0\omega^* p_0(1+R)^{2.0}$，即 $p_T = 165.69$。

若此时质押存货价格满足 $p_T > 165.69$，无论是单周期静态质押下，还是动态存货质押下，贷款企业都不会选择违约，单周期静态存货质押下的利润为 $A_0\omega^* p_0((1+R)^{2.0} - (1+r)^{2.0}) = 1773909$，动态存货质押下的利润为 $A_0\omega_0^* p_0((1+R)^{2.0} - (1+r)^{2.0}) = 1975192$。若此时质押存货的价格满足 $162.12 < p_T < 165.69$，在单周期静态存货质押下，企业会选择违约，其利润为 $A_0p_T - A_0\omega^* p_0(1+r)^{2.0} = (p_T - 147.95)A_0$，在动态存货质押下，企业不会选择违约，其利润为1975192。若此时价格 $p_T < 162.12$，在单周期静态质押下，企业会选择违约，其利润为 $(p_T - 147.95)A_0$，此时盈亏平衡点的价格为147.95，在动态存货质押下，企业选择违约，其利润为 $A_3p_T - A_0\omega_0^* p_0(1+r)^{2.0} = A_3p_T - 164.74A_0$，此时盈亏平衡点的价格为144.53。

由上述分析可知，与质押贷款周期相同的静态存货质押相比，动态存货质押能够容忍的期末存货价格的下降幅度越大，并且能够获得更大的利润，且在动态存货质押下，各个阶段期末只要求满足较低的存货价格，银行就可以实现盈亏平衡，且存货补仓的频率越大，动态存货质押能够容忍的期末存货价格的下降幅度更大，并能够获得更大的利润，且要求的存货价格更低，从而使银行实现盈亏平衡。

第三节　多周期优化策略

首先，本章在质押存货期末价格服从对数正态分布时，对单周期静态质押下质押率模型进行研究，构建了动态存货质押下质押率模型。与单周期静态质押下质押率模型研究不同，动态存货质押将贷款周期平均划分为有限个相等的阶段，银行将会依据每阶段末存货的价格，选择下阶段期初的最优质押率，从而实现各个阶段的期望利润最大化。

其次，与单周期静态质押不同，动态存货质押要求银行在每阶段期初依据前阶段末的存货价格和补仓的限制条件要求贷款企业进行补仓操作，即当质押存货期初的可贷价值小于银行在该阶段期初所要求的本利和时，贷款企业补足一定数量的质押存货，从而使得存货质押贷款业务继续进行，否则，存货质押贷款业务终止。

再次，模型计算得到贷款企业每阶段的存货补仓数量，且该补仓的存货市场价值大于每阶段银行要求的利息，得到贷款企业必须补仓的存货价格下限，同时发现与单周期静态存货质押相比，动态存货质押下的每阶段末贷款企业更不会选择违约。

最后，使用数例分析验证了上述定理和推论，并得出结论：与质押贷款周期相同的单周期静态质押相比，动态存货质押能够容忍的存货期末价格的下降幅度越大，并能获得更大的利润，且在动态存货质押下，各个阶段末只需满足较低的存货价格，银行就可以实现盈亏平衡，且存货补仓的频率越大，动态存货质押能够容忍的存货期末价格下降幅度越大，并能获得更大的利润，在更低的存货期末价格条件下，就能实现银行的盈亏平衡。

第七章　多品类存货组合质押贷款的最优质押率决策

第一节　模型假设与构建

单周期静态存货质押率模型与质押贷款业务实际相差较大，贷款企业往往持有多种存货，而且，以单种存货质押，银行承担的质押存货期末价格变化风险也比较大。多种存货组合质押贷款具有重要现实意义，也是急需解决的难题，故本章研究两种存货组合下的质押率模型构建。对存货组合质押率的研究很少。齐二石、马姗姗和韩铁（2008）对组合仓单质押贷款的质押率问题进行了研究，假设银行以总成本最小化为经营目标，构建存货质押率模型，发现当质押率增加时，银行的总成本先减小后增加，且银行存在最小成本和相应的最优质押率。[①] 在此基础上，孙朝苑和韦燕（2011）认为银行并非以总成本最小化为经营目标，而是以期望利润最大化为经营目标，以双品类质押融资为研究对象，构建存货质押率决策模型，研究表明存在使银行期望利润最大化的最优存货质押率，存货质押率随着质押贷款利率的增大而增大，随着质押贷

① 齐二石、马姗姗、韩铁：《组合仓单质押贷款质押率研究》，《西安电子科技大学学报》2008 年第 6 期，第 50 页。

款周期的增大呈现先增大后减小的变化趋势。①

本章在孙朝苑和韦燕(2011)研究的基础上,以期望利润最大化为决策目标,继续假设两种质押存货的价格均服从对数正态分布且相互独立。由于银行选择的质押率并不总是在0—1区间内取值,存货质押率真实的范围还会受到银行下侧风险的制约②,因此本章考虑银行下侧风险限制条件。考虑到孙朝苑和韦燕的研究已分析了最优存货质押率与贷款周期、贷款利率、违约概率之间的关系,发现最优存货质押率并不一定满足银行下侧风险的约束条件,因此本章主要对受银行下侧风险约束的最大存货质押率进行深入分析,如贷款损失度、银行的风险容忍水平、贷款利率、贷款周期、违约概率对最优质押率的影响。

一、存货组合模型假设

假设7-1:银行质押贷款业务建立封闭式账户,即质押存货在贷款期末销售后,销售收入将汇入银行设立的封闭式账户内。若期末的销售收入无法偿还质押贷款,贷款企业可以 $1-Q$ 的概率选择追加保证金来补足差额,也可以 Q 的概率选择违约。Q 为贷款企业的违约概率,假定其为已知的外生变量,银行或者其委托的第三方物流企业在调查分析借款企业后,确定质押贷款的违约概率 Q 的取值。

假设7-2:在存货组合质押贷款期初,贷款企业将数量分别为 A 和 B、现价分别为 p_0 和 q_0 的X、Y两类存货作为质押物向银行提出存货组合质押贷款申请,贷款的期限为 T,银行以贷款期初价格

① 孙朝苑、韦燕:《双品类存货组合的质押率研究》,《财经科学》2011年第10期,第117—124页。

② 王桦:《基于不同质押方式下的存货及其组合质押率模型研究》,云南师范大学硕士学位论文,2015年。

为参考，决定单位价值量的质押率 ω，则在贷款期初借款企业能从银行获得的贷款额为 ωh_0，其中 $h_0 = p_0A + q_0B$ 为存货组合的初始市场价值。

假设 7-3：银行的资金成本为存款利率 r，存货组合质押贷款业务的利率为 R，则在质押贷款期末 T 时刻，存货组合质押贷款的本利和为 $h_0\omega(1+R)^T$。由于第三方物流企业存储和监管存货会产生物流服务成本，因此将该项成本并入贷款利率，银行和第三方物流企业签订收益分享契约 $(s,1-s)$，约定银行将该业务所实现利润的 $1-s$ 比例支付给第三方物流企业，而自身留存剩余的 s 比例的利润。

假设 7-4：在质押贷款期末，组合质押存货 X，Y 的价格 p_T，q_T 相互独立，且服从对数正态分布，即 $\ln p_T \sim N(u_1,\delta_1^2)$，$\ln q_T \sim N(u_2,\delta_2^2)$ 其所对应的价格密度函数分别为 $f_{p_T}(x) = \frac{1}{\delta_1 x\sqrt{2\pi}}\exp\left[-\frac{1}{2}\left(\frac{\ln x - u_1}{\delta_1}\right)^2\right]$，$f_{q_T}(y) = \frac{1}{\delta_2 y\sqrt{2\pi}}\exp\left[-\frac{1}{2}\left(\frac{\ln y - u_2}{\delta_2}\right)^2\right]$，相应的概率分布函数分别为 $F_{p_T}(x)$、$F_{q_T}(y)$，则其联合概率密度函数为 $f(x,y) = f_{p_T}(x)f_{q_T}(y) = \frac{1}{2\delta_1\delta_2\pi xy}\exp\left[-\frac{1}{2}\left(\frac{\ln y - u_2}{\delta_2}\right)^2 - \frac{1}{2}\left(\frac{\ln x - u_1}{\delta_1}\right)^2\right]$。

假设 7-5：设 L 为银行愿意接受的最大损失，L 为最初质押贷款额 ωh_0 的函数，即 $L = lh_0\omega = l\omega(p_0A + q_0B)$，其中 l 为银行能够承受的贷款损失度，因为银行的下侧风险限制，存在如下不等式 $P_1(loss > L) = QP_2(loss > L) \leqslant \alpha$，即组合质押贷款损失大于 L 的概率 $P_1(loss > L)$ 等于质押贷款企业主体违约和组合质押存货价格波动造成的损失大于 L 这两个事件同时发生的概率，银行希望这一概率小于或者等于银行的业务风险容忍水平 α，其中期末质押存货组合的价格波动造成的损失为贷款企业不违约时，银行所收回的本利和与期末存货组合出售所得收入之差，即 $loss = \omega(1+R)^T(p_0A+q_0B)-(p_TA+q_TB)=h_0\omega(1+R)^T-h_T$，其中 $h_T=p_TA+q_TB$ 为期末存货组合的市场价值。

二、存货组合模型构建

在存货组合质押贷款的期末，若存货 X、Y 的价值大于银行所约定的本利和，即 $p_TA+q_TB>\omega(1+R)^T(p_0A+q_0B)$，即 $h_T>h_0\omega(1+R)^T$，存货组合质押贷款业务可以通过期末的销售收入实现自偿，期末银行的利润函数为 $\pi_b(\omega)=\omega(p_0A+q_0B)[(1+R)^T-(1+r)^T]=h_0\omega[(1+R)^T-(1+r)^T]$。

若在存货组合质押贷款期末，存货 X、Y 的价值不大于银行所约定的本利和，即 $p_TA+q_TB\leqslant\omega(1+R)^T(p_0A+q_0B)$，即 $h_T\leqslant h_0\omega(1+R)^T$，贷款企业要么以 Q 的概率选择违约，此时，银行的利润函数为 $\pi_b(\omega)=(p_TA+q_TB)-\omega(1+r)^T(p_0A+q_0B)=h_T-h_0\omega(1+r)^T$；要么以 $(1-Q)$ 的概率选择不违约，此时，银行的利润函数为：$\pi_b(\omega)=h_0\omega[(1+R)^T-(1+r)^T]$。

由上述分析可知，银行的期望利润函数为

$$E(\pi_b(\omega))=\omega h_0(1-M)[(1+R)^T-(1+r)^T]+\omega h_0M(1-Q)[(1+R)^T-(1+r)^T]+QM'=h_0\omega[(1+R)^T-(1+r)^T]+QM'-Mh_0Q\omega(1+R)^T \quad (7\text{-}1)$$

其中，$M=\iint\limits_{xA+yB\leqslant h_0\omega(1+R)^T} f(x,y)\,\mathrm{d}x\mathrm{d}y$，$M'=\iint\limits_{xA+yB\leqslant h_0\omega(1+R)^T}(xA+yB)f(x,y)\,\mathrm{d}x\mathrm{d}y$，$h_0=p_0A+q_0B$，$f(x,y)=\frac{1}{2\delta_1\delta_2\pi xy}\exp\left[-\frac{1}{2}\left(\frac{\ln x-u_1}{\delta_1}\right)^2-\frac{1}{2}\left(\frac{\ln y-u_2}{\delta_2}\right)^2\right]$。

考虑到银行的下侧风险约束，有 $P_1(loss > L) = QP_2(loss > L) \leqslant \alpha$。

从而可以得到银行存货组合质押率的决策模型为：

$$\max E(\pi_b(\omega)) = h_0\omega[(1+R)^T - (1+r)^T] + Q\iint_{xA+yB\leqslant\omega h_0(1+R)^T}(xA + yB - h_0\omega(1+R)^T)f(x,y)\,\mathrm{d}x\mathrm{d}y$$

$$s.t.\quad QP_2(loss > L) \leqslant \alpha \tag{7-2}$$

第二节 存货组合质押率模型分析

定理 7-1：如果贷款企业在期初分别以数量为 A、B 价格为 p_0、q_0 的存货组合 X、Y 向银行申请质押贷款，贷款期末的价格 p_T、q_T 分别服从对数正态分布且相互独立，那么银行提供给贷款企业的最优组合质押率 ω 满足以下公式：

$$\begin{cases}\dfrac{\partial E(\pi_b(\omega^*))}{\partial\omega} = 0,\text{如果 } Q\displaystyle\iint_{xA+yB\leqslant h_0\omega^*[(1+R)^T-l]} f(x,y)\,\mathrm{d}x\mathrm{d}y \leqslant \alpha \\ Q\displaystyle\iint_{xA+yB\leqslant h_0\omega^{**}[(1+R)^T-l]} f(x,y)\,\mathrm{d}x\mathrm{d}y = \alpha,\text{如果 } Q\displaystyle\iint_{xA+yB\leqslant h_0\omega^*[(1+R)^T-l]} f(x,y)\,\mathrm{d}x\mathrm{d}y > \alpha\end{cases} \tag{7-3}$$

其中，$f(x,y) = \dfrac{1}{2\delta_1\delta_2\pi xy}\exp\left[-\dfrac{1}{2}\left(\dfrac{\ln x - u_1}{\delta_1}\right)^2 - \dfrac{1}{2}\left(\dfrac{\ln y - u_2}{\delta_2}\right)^2\right]$ 为贷款期末价格变量的联合概率密度函数，$h_0 = p_0A + q_0B$。

证明：根据银行的下侧风险约束可知，$P_1(loss > L) = P_2Q(\omega(1+R)^T(p_0A + q_0B) - (p_TA + q_TB) > \omega l(p_0A + q_0B))$

$$= P_2Q(p_TA + q_TB < \omega(p_0A + q_0B)((1 + R)^T - l))$$
$$= P_2Q(h_T < h_0\omega((1 + R)^T - l))$$
$$= Q\iint\limits_{xA+yB\leqslant h_0\omega((1+R)^T-l)} f(x,y)\,\mathrm{d}x\mathrm{d}y \leqslant \alpha \qquad (7-4)$$

若 ω^* 满足表达式(7-4)且满足 $\frac{\partial E(\pi_b(\omega^*))}{\partial\omega} = 0$,则 ω^* 为银行期望利润最大化的最优存货组合质押率,即为银行的最优质押率。

若 ω^* 满足 $\frac{\partial E(\pi_b(\omega^*))}{\partial\omega} = 0$,但不满足表达式(7-4),即 $Q\iint\limits_{xA+yB\leqslant h_0\omega^*((1+R)^T-l)} f(x,y)\,\mathrm{d}x\mathrm{d}y > \alpha$。

根据孙朝苑和韦燕之前的研究,银行的期望利润会随着质押率的增加,呈现先增大后减小的变化趋势,即银行的期望利润是关于质押率的严格凹函数,也就是说,$\partial^2E(\pi_b(\omega))/\partial\omega^2 < 0$ (7-6)

即当 $\omega \in (0,\omega^*)$ 时,银行的期望利润是关于 ω 的严格增函数。

又由于 $h_0\omega((1 + R)^T - l)$ 随着 ω 的增大而增大,也就是说概率 $P_2(h_T < h_0\omega((1 + R)^T - l))$ 的数值也将增大,因为 $P_2(h_T < h_0\omega((1 + R)^T - l)) = \iint\limits_{xA+yB<h_0\omega((1+R)^T-l)} f(x,y)\,\mathrm{d}x\mathrm{d}y$,故二重积分 $\iint\limits_{xA+yB<h_0\omega^*((1+R)^T-l)} f(x,y)\,\mathrm{d}x\mathrm{d}y$ 是关于 ω 的增函数,也就是说,当 ω^{**} 满足等式 $Q\iint\limits_{xA+yB\leqslant h_0\omega((1+R)^T-l)} f(x,y)\,\mathrm{d}x\mathrm{d}y = \alpha$ 时,ω^{**} 为银行提供给贷款企业的最大质押率,同时也是使得银行期望利润最大的最优质押率。

证毕。

说明:在存货组合质押静态模式下,当银行考虑下侧风险约束时，银行可通过预测贷款期末各存货的价格情况，设定一个最优的组合质押率，从而实现银行的期望利润最大化。

推论 7-1：当银行的业务风险容忍水平 α、贷款利率 R、存货初始数量 A 和 B、贷款期限 T、借款企业违约概率 Q 等变量保持不变时，银行的存货组合最大质押率 ω^{**} 会随着贷款损失度 l 的增大而增大。

证明：由定理 7-1 的分析可知，银行可以得到存货组合的最大质押率 ω^{**} 满足等式 $P_2Q(p_TA + q_TB < \omega(p_0A + q_0B)((1+R)^T - l)) = \alpha$。当 ω^{**} 保持不变时，概率 $P_2(p_TA + q_TB < \omega^{**}(p_0A + q_0B)((1+R)^T - l))$ 会随着 l 的增大而减小，若要保持 $P_2Q(p_TA + q_TB < \omega^{**}(p_0A + q_0B)((1+R)^T - l)) = \alpha$ 不变，则组合质押率必须增大，故在保持其他变量不变时，银行存货组合贷款的最大质押率 ω^{**} 会随着贷款损失度 l 的增大而增大。

推论证毕。

说明：在存货组合质押静态模式下，当其他变量保持不变时，银行所能承受的贷款损失度越大，则其存货组合质押业务的最优质押率也就越大，即银行对期初一定价值的质押存货组合给予较高的贷款数额，从而在一定的风险容忍水平下实现自身的最大期望收益。

推论 7-2：当贷款利率 R、贷款期限 T、存货初始数量 A 和 B、银行的贷款损失度 l、借款企业违约概率 Q 等变量保持不变时，银行对存货组合质押贷款的最大质押率 ω^{**} 会随着风险容忍水平 α 的增大而增大。

证明：由定理 7-1 可知，银行可以确定存货组合质押贷款业务的最大质押率 ω^{**} 满足等式 $P_2Q(p_TA + q_TB < \omega(p_0A +$

$q_0B)((1+R)^T - l)) = \alpha$。由等式 $P_2Q(p_TA + q_TB < \omega^{**}(p_0A + q_0B)((1+R)^T - l)) = \alpha$ 可知，随着 α 的增大，必然伴随着 $\omega^{**}(p_0A + q_0B)((1+R)^T - l)$ 的增大，在 l 及其他变量保持不变时，必然要求 ω^{**} 也随之增加，因此在其他变量保持不变时，银行存货组合质押贷款的最大质押率 ω^{**} 会随着风险容忍水平 α 的增大而增大。

推论证毕。

说明：在存货组合质押静态模式下，当其他变量保持不变时，如果银行所能承受的风险越大，则其提供存货组合质押业务的质押率也就越大，即银行对期初一定价值的质押存货组合给予较高的贷款额，从而在一定的贷款损失容忍度下实现最大的期望收益。

推论 7-3：当银行的质押贷款损失度 l、贷款期限 T、贷款利率 R、风险容忍水平 α、存货初始数量 A 和 B 等变量保持不变时，银行的存货组合贷款的最大质押率 ω^{**} 会随着贷款企业的违约概率 Q 增大而减小。

证明：由定理 7-1 分析可知，银行可以确定存货组合质押的最大质押率 ω^{**} 满足表达式 $P_2Q(p_TA + q_TB < \omega(p_0A + q_0B)((1+R)^T - l)) = \alpha$。由等式 $P_2Q(p_TA + q_TB < \omega^{**}(p_0A + q_0B)((1+R)^T - l)) = \alpha$ 可知，在其他变量保持不变的情况下，随着 Q 的增大，必须使得 $P_2(p_TA + q_TB < \omega^{**}(p_0A + q_0B)((1+R)^T - l))$ 减小，即要求 ω^{**} 减小，因此在其他变量保持不变时，银行的存货组合质押贷款的最大质押率 ω^{**} 会随着贷款企业的违约概率 Q 增大而减小。

推论证毕。

说明：在存货组合质押静态模式下，当银行的其他变量保持不变时，如果贷款企业的违约概率越大，则银行在贷款期初给予该借款企业的组合质押率就越低，即在贷款期初给予一定价值的贷款额就越小，而对违约概率较低的贷款企业，银行提供的组合质押率就越大，即在贷款期初提供的贷款额就越大，从而达到控制风险及实现期望收益最大化的目标。

推论 7-4：当银行的质押贷款损失度、存货初始数量 A 和 B 、借款企业违约概率 Q 、贷款利率 R 、风险容忍水平 α 等变量保持不变时，银行存货组合质押贷款的最大质押率 ω^{**} 会随着贷款期限 T 的增大而减小。

证明：由定理 7-1 可知，银行存货组合质押贷款的最大质押率 ω^{**} 满足等式 $P_2Q(p_TA + q_TB < \omega(p_0A + q_0B)((1+R)^T - l)) = \alpha$。由概率 $P_2(p_TA + q_TB < \omega^{**}(p_0A + q_0B)((1+R)^T - l))$ 的性质可知，在其他变量保持不变的情况下，当 T 增大时，概率 $P_2(p_TA + q_TB < \omega^{**}(p_0A + q_0B)((1+R)^T - l))$ 也会增大，此时必然要求 ω^{**} 减小，从而使得等式 $P_2Q(p_TA + q_TB < \omega^{**}(p_0A + q_0B)((1+R)^T - l)) = \alpha$ 成立，因此在其他变量保持不变的情况下，银行存货组合质押贷款的最大质押率 ω^{**} 会随着贷款期限 T 的增大而减小。

推论证毕。

说明：在存货组合质押静态模式下，当其他变量保持不变的情况下，如果贷款期限越长，银行在贷款期初给予该贷款企业的组合质押率就越低，即在贷款期初给予一定价值的贷款额就越小，而对于贷款期限越短的贷款企业，银行提供的组合质押率就越高，即在贷款期初给予的贷款金额就越大，从而达到控制风险及实现期望收益最大化的目标。

推论 7-5：当风险容忍水平 α 、银行的贷款损失度 l 、存货初始数量 A 和 B 、借款企业违约概率 Q 、贷款期限 T 等变量保持不变时，银行存货组合质押贷款的最大质押率 ω^{**} 会随着贷款利率 R 增大而减小。

证明：与推论 7-4 的证明类似。

由概率 $P_2(p_TA+q_TB<\omega^{**}(p_0A+q_0B)((1+R)^T-l))$ 的性质分析可知，在其他变量保持不变的情况下，随着 R 的增加，概率 $P_2(p_TA+q_TB<\omega^{**}(p_0A+q_0B)((1+R)^T-l))$ 也会增大，此时必然要求 ω^{**} 减小，从而确保等式 $P_2Q(p_TA+q_TB<\omega^{**}(p_0A+q_0B)((1+R)^T-l))=\alpha$ 成立，因此在其他变量保持不变的情况下，银行存货组合质押贷款的最大质押率 ω^{**} 会随着贷款利率 R 的增大而减小。

推论证毕。

说明：在存货组合质押静态模式下，当其他一些变量保持不变时，如果质押贷款利率越高，银行在期初提供给该借款企业的组合质押率就越低，即在期初给予一定价值存货的贷款额就越小，而对于贷款利率越低的贷款企业，银行给予的组合质押率就越高，即在贷款期初给予的贷款额就越大，从而达到控制风险及实现期望收益最大化的目标。

第三节　组合质押率性质

本章基于静态存货质押下的质押率模型的研究，将模型扩展为两种存货组合下的静态质押率模型，并延续存货质押率模型的基本假定，假设两种存货在贷款的期末价格都服从对数正态分布，期末价格是相互独立的，在此基础上，考虑银行的下侧风险约束条件下，构建两种存货的静态质押下组合质押率模型，研究发现：与单种存货最优质押率模型相比，两种存货组合质押率的决策更为复杂，该模型下的最优组合质押率的决策不仅要考虑到期望利润最大化,还要考虑组合质押率满足银行的下侧风险约束的条件,且银行可决策的最大质押率取决于下侧风险约束的条件。

本章研究考虑下侧风险约束条件下,银行可决策的最大组合质押率的性质,结果发现:第一,在其他变量保持不变条件下,最大组合质押率与银行所能承受的贷款损失度呈正相关关系;第二,在其他变量保持不变的条件下,最大组合质押率与银行的风险容忍水平呈正相关关系;第三,在其他变量保持不变的条件下,最大组合质押率与借款企业的违约概率呈负相关关系;第四,在其他变量保持不变的条件下,最大组合质押率与贷款期限呈负相关关系;第五,在其他变量保持不变的条件下,最大组合质押率与贷款利率呈负相关关系。

第八章　价格波动下的存货组合质押贷款优化模型研究

第一节　模型的假设和建立

组合质押融资能够实现中小企业、第三方物流企业以及银行的三方共赢，但这不是简单的“三方共赢”，而是使“三方共赢”的“赢”达到更高层次的“三方整合”优化。另一方面，价格波动给三方带来更多盈利的同时，提升了各自面对的风险。对于银行，存货组合质押业务拓宽新的盈利点，并通过组合方法降低了价格波动的风险。对于第三方物流企业，组合质押和应对价格波动导致的风险能够提高它们自身的经营管理能力，扩大它们的业务范围，并提高盈利水平。而对于中小企业，将各类存货进行组合，可以提高质押率，以获得更高的贷款额度。价格波动会时常造成中小企业运营管理的失误，从而导致损失。为此，中小企业应有效应对价格波动，降低贷款成本，获得更多资金，提升经营灵活性。

在不考虑价格波动风险前提下，学者们对存货质押融资及其风险进行了研究。比如，默顿（R.Merton）（1974）提出了结构式的方法。[①] 约基沃莱（Jokivuolle）和普拉（S.Peura）（2003）则用结构

① Merton, R., “On the Pricing of Corporate Debt: The Risk Structure of Interest Rates”, *The Journal of Finance*, Vol. 29, No. 2, Summer 1974, pp. 449–470.

化的方法来研究质押贷款的贷款价值比率。① 李蜀湘(2011)在对现有存货质押模型深刻分析理解的基础上,建立了改进的契约模型,从理论上分析了其优化效果,并比较了各契约模型的异同。②李富昌、张译丹(2014)进一步研究了中小型企业的阶段贷款方法对存货组合质押风险控制的作用。③ 然而,这些研究没有分析风险投资领域著名的投资组合理论对规避存货质押融资业务价格风险的作用。为此,本章结合马科维茨投资组合分析框架,研究在价格波动(未来经济不确定)前提下,银行如何进行风险的规避、如何进行业务的拓展,中小企业如何开辟和运用融资新途径。本章将传统的单一品类的质押物扩展到多品类质押物,并在银行对存货市场价格评估的基础上,对比分析不同条件下的贷款数额与存货成本价格,得到中小企业通过质押组合进行风险规避的路径。

一、模型的假设

中小企业作为存货组合质押业务的资金申请方,通过质押组合规避风险并获得最优贷款收益显得非常重要。而银行作为存货组合质押业务的资金供给方,评估与规避存货组合风险就显得非常必要。在存货组合质押中,第三方物流企业受银行委托,对质押物进行管理,在衔接和调节借贷彼此之间关系方面起着举足轻重的作用。本章运用马科维茨投资组合理论,并对存款的成本价和银行的贷款价进行界定。每一中小企业可依据自己的偏好选择存

① Jokivuolle, E., Peura, S., "Incorporating Collateral Value Uncertainty in Loss Given Default Estimates and Loan-to-Value Ratios", *European Financial Management*, Vol. 9, No. 3, Summer 2003, pp. 299-314.

② 李蜀湘:《基于风险分担的存货质押贷款优化契约模型》,《山西财经大学学报》2011 年第 11 期,第 74 页。

③ 李富昌、张译丹:《基于阶段贷款方法的存货组合质押风险控制研究》,《商业研究》2014 年第 4 期,第 31—35 页。

货组合方案，银行会分析存货组合的期望收益率 E_p 和存货组合的收益标准差 σ_p ，其中 E_p 越大越好，而 σ_p 越小越好，中小企业将质押存货交由具有相应资格的第三方物流仓储企业保管，以此向银行提出贷款申请。

二、模型简介

本章的主要符号及其含义如表 8-1 所示。

表 8-1　主要符号及其含义

符号	含义
w_i	组合中第 i 项存货资产的百分比
r_i	第 i 项存货资产的期望收益率
$E(r_p)$　μ_p	整个组合期望收益率
σ_p^2	组合的标准差
$E(r_i)$	各项存货资产的期望收益率
$Cov(i,j)$	存货 i 和存货 j 的收益率方差

存货组合的期望收益率可通过加权平均组合中各种存货的期望收益率得到，其中，权重为各存货在组合中所占的百分比。

$$E(r_p) = \sum_{i=1}^{n} p_i r_i$$

然而，将各存货的方差或标准差简单加权平均并不能获得组合方差或标准差，需要更为科学的测算。假定存货组合收益是随机变量，在期初时，银行能够得到一定期限内的存货收益的概率分布。存货质押的期望收益率可通过加权平均得到，其中权重为各收益发生的概率 p_i 。期望收益率等于各收益率乘上相应的概率之和。

$$\sigma_p^2 = E\left[\left(\sum_{i=1}^{n} w_i r_i - \sum_{i=i}^{n} w_i E\left[r_i\right]^2\right)^2\right]$$

$$= \sum_{i,j=1}^{n} w_i w_j E[(r_i - E[r_i])(r_j - E[r_j])]$$

$$= \sum_{i=1}^{n} \sum_{j=1}^{n} Cov(i,j) w_i w_j$$

在融入马科维茨投资组合思想的存货组合质押风险框架中，借款企业需要进行组合存货的选择，以求在期望收益一定的情况下，风险最小化，或在风险水平既定条件下，收益最大化。而我们通常用方差和收益来度量质押组合的风险和收益，这就可以把价格波动下的存货组合质押问题归纳为二次规划问题，即求两个线性等式约束条件下的二次函数最小值，收益 $\bar{\mu}$ 的极小风险组合构成了目标函数，约束条件是各项存货在总资产中所占的比重加总等于 1，并且存货组合的期望收益率是由各项存货的期望收益率的加权平均所得。

$$\min \sigma_p^2 = \sum_{i=1}^{n} \sum_{j=1}^{n} \text{cov}(i,j) w_i w_j$$

$$s.t. \quad w_1 + w_2 + w_3 + \cdots + w_n = 1$$

$$\mu_p = \sum_{i=1}^{n} w_i r_i = \bar{\mu}$$

上述模型采用了微分中的拉格朗日数学法。有条件限制时，求解质押组合风险 σ_p^2 最小时的最优的投资比例 w_i 。即借款者预先设定一期望收益率，之后通过 $E(r_p) = \sum_{i=1}^{n} w_i r_i$ 得到存货组合中每种存货的权重，实现存货组合风险最小化，故期望收益水平不同时，可得到使方差最小的存货组合解，这些组合解形成了最小方差组合，即所谓的有效组合。有效组合的期望收益率和相应的最小方差之间所形成的曲线，构成了有效组合投资的前沿。投资者根据自身的风险偏好和收益目标，并结合有效组合前沿即可得到最优的存货组合方案。

通过对风险管理实施对策分析，可得到一些将风险控制在最小范围内的措施。下面给出的实例就是通过计算出某特定存货组合的最小风险系数，对固定份额 w_i 条件下的风险水平进行解释说明，并提出相应的对策建议。

三、实例计算及分析

在存货组合质押贷款的准备、申请阶段，中小企业以 A、B、C 三种存货作为质押物向银行申请贷款，其相关存货数据见表 8-2。同时，假定经济有三种可能状况：繁荣、一般与萧条，其发生概率分别为 0.2、0.6 和 0.2。通过计算该存货组合的期望收益率与标准差，从中找出相关的风险因素。

表 8-2　存货持有情况

存货	A	B	C
成本（元/个）	30	40	50
数量（个）	200	100	100

表 8-3　存货价值风险

经济状况 / 银行给出的贷款数额（元）	繁荣（0.2）	一般（0.6）	萧条（0.2）
A	34.5	33	31.5
B	58	44	40
C	70	65	35

本例中假设 w_i 是固定值，其中 $x_A = \frac{30 \times 200}{30 \times 200 + 40 \times 100 + 50 \times 100} = 40\%$，$x_B = 26.7\%$，$x_C = 33.3\%$。依据定义及假设得出相关影响因素，萧条的经济状态下三种不同存货的收益率：$r_{A1} = (31.5 - 30) \div 30 = 5\%$，$r_{B1} = 0\%$，

$r_{C1} = - 30\%$。一般的经济状态下三种不同存货的收益率：$r_{A2} = (33 - 30) \div 30 = 10\%$，$r_{B2} = 10\%$，$r_{C2} = 30\%$。繁荣的经济状态下三种不同存货的收益率：$r_{A3} = (34.5 - 30) \div 30 = 15\%$，$r_{B3} = 45\%$，$r_{C3} = 40\%$。

由于期望收益率 μ 和标准差 σ^2 是存货组合风险的重要影响因素，我们将其计算出来并与最终结果进行对比分析。

表 8-4　各存货的预期收益和标准差

	μ	σ^2	σ
A	10%	10 %^{2}	3. 16%
B	15%	240 %^{2}	15. 50%
C	20%	640 %^{2}	25. 30%

我们可以用相关系数及协方差来表示存货组合的收益率之间的关系，以此来估计每一种存货的收益率与其他存货之间的相关程度：当两存货相关系数越大，意味着两存货组合在一起的存货风险程度越高；而当两存货相关系数越小，意味着两存货组合在一起的存货风险程度越低。通过上述的分析进一步可得出存货组合的期望收益率和标准差：$\mu_p = 40\% \times 10\% + 26.7\% \times 15\% + 33.3\% \times 20\% = 14.67\%$，$\sigma_p^2 = 160.62\%^2$。

表 8-5　两种存货间的协方差、相关系数

存货组合	σ	ρ
AB	45 %^{2}	0. 92
BC	240 %^{2}	0. 61
AC	70 %^{2}	0. 88

最后可得出存货 A 的非系统风险 $= \sigma_A^2 - (\beta_A \times \sigma_p)^2 =$

0.379978%^{2}，存货 B 的非系统风险 $= \sigma_B^2 - (\beta_B \times \sigma_p)^2 =$ 76.692%^{2}，存货 C 的非系统风险 $= \sigma_C^2 - (\beta_C \times \sigma_p)^2 =$ 60.375%^{2}。通过对存货做出的以上分析得出三种存货的非系统风险和系统风险，以求进一步提升风险政策制定的准确性。

依据上述计算结果可得知，存货 A 的非系统风险明显要小于存货 B、存货 C 的非系统风险，而存货 A 的系统风险却高于存货 B、存货 C，是三者中的最高者，这就意味着存货 A 面临的巨大风险是不可避免的，由此可认为存货 A 在有效风险规避管理中所收到的效果是微不足道的。故在进行存货组合选择时，应尽量避免选择 A 存货以降低风险的发生率。

第二节 风险平抑对策

本章将马科维茨基本模型和存货组合质押贷款相结合，构建了存货组合质押风险管理的相关模型，同时也从理论上对存货组合需要注意的问题加以分析，以求有效地规避风险、增加收益；并通过各种指标的运用，求出存货组合的风险程度，通过对多种风险分析法的运用，实现降低和分散存货风险的目标。本章构建的模型有利于降低银行、中小企业及第三方物流企业三方的风险，提高各自盈利水平。

一、提升风险数据测量能力

第三方物流企业可以根据上述的模型，成功地计算出某项组合中各种存货的非系统风险和系统风险、存货之间的相关系数与协方差，并通过综合对比得到风险系数的大小，再依据所得风险数据，制定出有效的措施将风险系数控制在一定的范围之内。例如，对系统风险过高的 A 存货，可降低其质押率，或向中小企业收取一定的风险补偿。第三方物流企业在进行价值评估时，考虑到这一系列因素，不仅能够排除不利因素，还有利于存货组合保值，增强该方法的评估能力。

二、提高组合收益率

中小企业采用上述分析方法，可对所需质押的存货进行有效组合，并判断存货的风险性质。当某一类存货被判定为具有高系统风险时，中小企业应减少该存货在存货组合中的比重，或直接不出现在组合中，以降低整体的风险水平，提升质押存货组合的整体收益率。所以，提高组合效率对于借款企业选择质押物显得尤为重要。例如，质押物估值是否如实反映了市场状况，市场价格波动对质押物的影响程度大小，质押存货保管的难易程度，质押存货在未来市场上的销售预期等，对物理化学性质易变的、损耗速度快、市场价格波动大、市场需求具有间歇性的货物进入质押组合要谨慎，另外要对质押存货来源的合法性进行考察，质押物不能是非法途径取得的物品。在上述计算中我们只选择了三种存货，在生活中，银行和中小企业可依据实际情况对备选存货的种类进行增加，以提升该方法的适用性。

三、规避非系统风险

系统风险的诱因一般来自企业外部，其影响面比较广，一旦爆发，企业无法控制，而非系统风险是由于特定行业或特定企业某些因素的变化，仅仅对个别行业或个别企业产生影响的一类风险，其是可控、可分散的，因此应从规避非系统风险入手达到实现规避存货风险，使其降低到最低水平。比如，存货 A 的非系统风险>存货 B 的非系统风险>存货 C 的非系统风险，则有存货 A 的系统风险<存货 B 的系统风险<存货 C 的系统风险。因此，为了实现规避非

系统风险的目标,首先要弄清每类存货的非系统风险占比,某类存货的非系统风险占比越大就越值得投资,在所举例中质押物的选择顺序为:存货 A>存货 B>存货 C。凭借上述方法和相关风险规避措施可以将系统风险降至最低。

四、评估市场大环境

系统风险往往是由整个市场大环境改变而引发的,比如:熊市与牛市之间的转换,市场利息率变动所导致的投资者收益率的不确定性,通胀对投资者投资行为的影响等。国家政策在很大程度上会影响未来经济社会的发展趋势,存货质押同样会在某种程度受到政府这双"有形的手"的影响,因此仔细研究政策实施的背景,分析监管的环境、地区要求条件、当地费用、当地许可证以及地方税收政策变化很有必要。在制定存货组合质押决策时,需要放眼于整个市场,观察和判断各个变化因素。所以我们要创建存货质押组合的信息收集及反馈体系,分析其中的变化因素,实时追踪与评估质押货物价值及销售情况;创建预警体系,若市场价格与正常值或存货组合量发生偏离,并发生大幅度的变化时,应及时采取相应措施避免损失的扩大。而对于那些法律和政策这类难以量化的风险,因需要采取一些措施对组合质押物的相应产权进行认定,可以要求企业出具具有约束力的承诺函,承诺其应当履行的责任和义务,并到银行或工商部门查询质押存货组合的相关详细情况,与承诺函进行比较,以有效规避存货组合风险。针对操作风险的控制方面,应严格履行存货质押管理规定的义务和责任,并通过加强业务运营管理和规范内部操作,仔细审核存货组合质押的各个流程及环节,有效降低操作风险。

对策分析篇

第九章　基于价格波动的动态存货组合质押贷款的阻碍因素和对策研究

存货组合质押贷款将投资组合的思想融入存货质押业务，拓展了借款企业和银行的业务范围，有效地为第三方物流企业提供了新的利润增长点，有利于将存货质押业务精细化、精益化和科学化。存货组合质押贷款拓展了各参与方的业务范围。银行通过存货组合质押可以降低不确定性，拓展业务范围。第三方物流企业可以增加存货监管业务，提高利润和营业额。中小企业通过存货组合质押则可以有效盘活其存货资产，为企业的运营提供资金保障。此外，存货组合质押还有利于建立银行、第三方物流企业和贷款企业的长期战略合作伙伴关系。存货组合质押贷款有效平抑了银行贷款风险。据马科维茨的投资组合理论，所有投资加权平均风险大于其投资组合的风险。在存货组合质押业务中，银行将其拥有的半成品、产成品、原材料等动产进行有效组合，能够有效地降低所有质押物价格向同方向变化的概率，降低价格波动给银行带来的不确定性。

目前为止，国内外对存货质押融资业务方面的学术研究主要集中在单品类存货。比如李娟等(2010)针对完全信息和不完全信息两种情况，对银行在订单融资业务中的阶段贷款决策进行了分析。[①]

① 李娟、徐渝、贾涛：《物流金融创新下的订单融资业务风险管理》，《统计与决策》2010年第19期，第172—173页。

王成军等(2013)在需求与价格具有相关性且不确定的前提下,分别构建了风险中性、风险偏好时的存货质押率模型,以此对银行的最优质押率决策问题进行了研究,并相应分析了不同的风险偏好对质押率的影响。① 而对于多品类存货质押的研究则相对较少。齐二石等(2008)考虑组合仓单质押融资业务中多品类质押存货的价格变动率在服从正态 Copula 分布的情形下,研究了银行在组合仓单质押融资业务中,以最小化的贷款成本为目标函数的最优质押率决策问题。② 孙朝苑等(2011)假设组合质押存货的价格变动在静态质押模式下相互独立且服从对数正态分布,构建质押率决策模型,并对其影响因子进行了分析。③

为了更加符合银行的实际运营情况,本章将对单品类存货质押物的研究扩展到多品类质押物,首先对银行开展组合质押业务的意义进行梳理,接着对开展存货组合质押业务将要面临的阻碍因素进行分析,最后针对阻碍因素提出相应的对策建议。

第一节 存货组合质押贷款的阻碍因素分析

一、组合质押物选择难度大

选择有效的组合质押物是存货组合质押融资业务成功的一个前提条件,然而选择让借款企业和银行双方都满意的存货组合存在一定的困难。一是存货多样性导致的选择困难。由于现今消费者

---

① 王成军、魏红刚、杨菊丽:《价格影响需求下的存货质押率最优决策模型构建》,《商业时代》2013 年第 1 期,第 83 页。

② 齐二石、马珊珊、韩铁:《组合仓单质押贷款质押率研究》,《西安电子科技大学学报》2008 年第 6 期,第 50 页。

③ 孙朝苑、韦燕:《双品类存货组合的质押率研究》,《财经科学》2011 年第 10 期,第 117—124 页。

个性化需求的特点，要求企业生产多品类的产品，因而在种类繁多的库存存货中选择最优质押物存在较大的困难。二是质押物的组合设计难度较大。一方面，质押物的组合难于搭配。同一企业的存货通常具有相近的属性，即某种因素的变化会导致存货价格同方向波动，若要找到负相关的品类进行组合搭配，进而有效平抑价格波动风险存在一定的难度。另一方面，存货的组合设计要兼顾借款企业和银行的利益，改善双方的收益状况同样存在难度。对于借款企业而言，由于业务经营的需要，不愿意选用市场热销的商品作为质押物，而倾向于周转率低的存货。然而对于银行而言，考虑到未来可能面临的清偿风险，则倾向于选择流通能力较强的存货组合，以存货的自偿性来弥补贷款的信用风险。因此，存货组合质押业务成功的关键就是科学有效地设计质押物组合，寻求两者利益相协调。

二、价格的波动增加了存货组合质押业务开展的难度

价格的波动在存货组合质押的业务中具有随机性，影响着银行和借款企业的收益预期。对于商业银行，一方面，价格波动会使得银行对组合存货价值的期望发生变化，使制定质押率变得困难，从而使银行承受较高的质押业务风险。另一方面，价格波动会使银行组合质押物最优清偿策略的制定变得更有难度。由于组合质押物之间常常存在一定的叠加效应，当价格波动时，其他存货价值会由于某类存货价格变化而变动，进而影响组合质押物的总变现价值，阻碍银行进行组合贷款的清偿。由于银行现行的存货质押清算策略缺乏价格敏感性，加上其鲁棒性不高，造成清算策略抵抗价格波动的能力较低，大大增加了银行的亏损风险。[①] 而对于借

① 李富昌、祁山舢：《价格波动的存货组合质押贷款最优清算策略》，《学术探索》2013 年第 11 期，第 54—57 页。

款企业而言,价格波动会影响其偿还组合质押贷款。商品的销售价格波动会对企业的营业收入造成影响,当贷款前预期收入高于真实收入,企业无法在约定还款期偿还银行贷款时,信誉就会受损,陷入再贷款困境。

三、难以制定有效的组合质押率

存货组合质押业务中,银行通常会在平衡贷款风险和收益的基础上设定出质押率。有效的组合质押率的制定需要考虑诸多因素。组合质押率通常是由银行单方面设定的,银行在制定组合质押率时常常选取以下几种重要指标进行分析:企业的信誉、银行风险偏好程度、银行的贷款利率、第三方物流企业的监管水平、组合质押物的市场需求情况等。银行可以采用 9C 的方法(借款人品质、能力、信用记录、经营情况、持续性、抵押、资本、内控和相关文档记录)来考察企业的信誉,但这九个方面是依照银行自身制定的标准来衡量的。[①] 企业的信誉越好,组合质押率越高。银行的贷款利率越高,即组合质押率越高,银行每单位数量的贷款获得的利息收入就越多,银行所愿意提供的贷款就更多。当银行承受风险的水平高,且认为质押物在未来市场需求量期望值高,制定的组合质押率就会越高。在整个质押率制定的过程中,借款企业不能主动地接受或拒绝组合质押率。而价格波动的不确定性也将带来较大风险。贷款期间内,消费者偏好及国家政策等因素的不确定性,会导致组合质押物价格波动,造成质押物真实的变现价格与银行预期到期时的价格产生偏差。另外,组合质押物之间常常存在一定的涟漪效应,也会使波动变大。因此,银行开展组合质押业务

① 李毅学、张媛媛等:《物流与供应链金融创新——存货质押融资风险管理》,科学出版社 2010 年版,第 12 页。

急需解决的一个重要问题即是制定科学的组合质押率。

四、组合质押要求第三方物流具有较高的业务水平

第三方物流具有集约化和专业化的特点，能够帮助贷款企业有效降低物流成本，有利于促进银行集中精力搞好核心业务，提高核心竞争力，但目前第三方物流企业对于组合存货质押业务的需要仍然难以满足。首先，第三方物流企业配合组合质押业务开展的专业能力仍然欠缺。大多数第三方物流企业缺乏现代物流观念、基础设施建设较为落后、专业人才匮乏、企业规模偏小、信息化建设滞后，导致其无法为银行准确评估组合质押物价值，不能适时地向银行提供融资企业以及质押物的动态，以此来帮助银行降低其交易成本，提高其资金运作效率。其次，银行在面临违约风险的情况下，物流企业不具备专业的清算方面的能力，难以参与到质押物拍卖和变现的过程中来，帮助银行及时弥补风险缺口，最小化其损失。再次，由于银行缺乏对第三方物流企业的有效监督，导致其经营决策以个体最优化为目标，未能有效配合各参与方，损害了贷款企业和银行的利益。第三方物流企业和银行是在签订了契约的基础上建立的委托代理关系，银行往往由于信息不确定因素而处于信息劣势地位，在订立契约之前可能无法充分了解物流企业的真实经营状况，从而引致道德风险。而且在契约执行的过程中，银行对贷款企业的努力程度无法直接掌握，这就需要银行实行有效的监督和激励措施。目前银行对于这方面的机制安排相对匮乏，使得银行无法有效地与贷款企业和第三方物流企业在存货组合质押业务中进行配合，这将不利于贷款企业和银行的经营和可持续发展。[①]

① 陈玲：《第三方物流契约激励机制研究》，大连理工大学硕士学位论文，2012 年，第 20 页。

第二节　完善存货组合质押贷款的对策和建议

一、合理搭配存货质押,降低价格波动风险

银行可以选择价格波动较小也即方差较小,以及价格相关性较弱的存货进行组合搭配,充分利用投资组合来规避价格波动风险,以稳定质押组合的整体价值。首先,银行可以借用时间序列等方法对存货价格规律进行充分分析,以准确预测借款企业各存货的价格变动趋向。其次,在贷款期间内对各存货的价格波动进行准确的估计,以降低银行所面临的风险。同时,银行可以适当提高组合质押率,以弥补借款企业在存货质押期间给生产经营带来的损失,在规避风险的情况下同时兼顾贷款企业的利益,以激励贷款企业积极参与存货组合质押。

二、合理设计阶段策略,平抑价格波动风险

阶段策略包括银行的阶段贷款和贷款企业的阶段生产企业库存策略。在阶段贷款策略中,银行可以对企业申请的质押贷款进行分阶段发放,以此来控制风险。成功申请组合质押贷款后,银行会向贷款企业发放一部分比例的资金,并委托第三方物流企业来监管组合质押物,且对贷款企业的生产运作状况等进行实时监控。当价格波动导致还贷风险过高时,银行将拒绝向贷款企业再次发放贷款,当企业还贷风险可控时,银行将继续发放剩余贷款。在阶段生产企业库存策略中,借款企业通过对原材料组合质押获得生产资金,在获得销售收入后分多阶段赎回原材料。其中,借款企业需要通过制定阶段生产计划和库存策略,得出最佳生产批量以及最佳还款批量。

阶段贷款和阶段生产企业库存是银行和借款企业控制质押物价格波动风险的有效措施。阶段生产企业库存能有效规避企业因原材料价格波动造成的生产成本增加并提高借款企业原材料贡献率及周转率,有利于降低银行的监管和仓储成本。同样,银行也可以利用阶段贷款来有效控制因价格波动而造成的清算损失,降低银行价格风险。

三、兼顾借款企业和银行利益,制定合理的质押率

制定合理的组合质押率是协调好各参与方的权益,保证每个成员通过组合质押业务提高收益的重要决策。银行应综合地考虑价格波动风险,采用最优化决策工具,以此来制定最优组合质押率。例如,可采用单周期动态模型、多周期动态模型、Copula-ARMA-GARCH 模型等分析框架对质押决策进行研究,分别制定出风险偏好及风险中性时存货组合质押率的最优决策。最优质押率决策应尽量协调借款企业与银行间的利润,在达到银行业务目标的同时,兼顾贷款企业的利益,以此来确保存货组合质押业务的可持续性发展。银行可以依据借款企业的生产成本、盈利能力等因素来制定不同组合质押率决策,兼顾贷款企业生产经营实际状况,在控制风险的情况下,最大限度提高贷款企业的收益。

通过制定有效的组合质押率,可以实现借款企业和银行的整体收益最大化,使得借款企业与银行的个体目标与存货组合质押整体目标保持高度一致,在保证各参与方利益有效改善的情况下,推进存货组合质押业务的高效顺利开展。

四、建立第三方物流企业评价和激励机制

银行可以通过建立第三方物流企业评价和激励机制,以消除信息不对称影响。在签订合同之前,银行可以设计不同能力类型

的合同供物流企业来选择，由选择的结果来判定第三方物流企业的真实能力，有效地避免逆向选择的出现。在合同执行过程中，物流企业必须监测借款企业以及存货的相关信息，通过对信息的评定来判断物流企业的努力程度，以此来有效监督物流企业。另外，银行要加大对第三方物流企业的激励力度，促使其配合贷款企业和银行决策。银行还可以根据以往合作的经验，对物流企业的业务进行预期，将其与本期绩效进行比较，并依此对物流企业进行奖惩。同时，建立差异化的激励机制，通过对物流企业实施不同的激励措施，实现物流企业和银行的整体利益最大化。

第十章　基于价格波动和流动性的存货组合质押贷款研究

第一节　基于流动性的存货组合质押模型构建

近年来,存货组合质押融资业务在我国发展迅速[①],但是国内外对于存货组合质押的研究没有将存货的流动性引入到存货组合质押中[②③④],因此本章分析了存货组合质押中流动性所可能带来的一系列问题,并提出优化对策,以实现在最优组合质押下银行、企业、物流公司的利益最大化。

存货的价格始终处于波动之中,在存货组合质押业务之中要给予重视,它是关联存货流动性的重要因素。如果贷款期末质押物的市场价格低于企业贷款额,有可能增加企业的违约概率,从而给金融机构带来一定程度的风险甚至损失。[⑤] 存货流动性主要是

---

① 李梦、冯耕中:《存货质押融资业务最优清算策略》,《系统工程理论与实践》2010年第9期,第1579页。

② 韦燕:《物流金融存货组合质押业务中银行的决策研究》,电子科技大学硕士学位论文,2011年。

③ 何娟、刘苗苗:《存货质押业务关键风险因子实证辨识分析》,《金融理论与实践》2012年第1期,第28页。

④ 马珊珊:《面向TPL企业的存货融资决策问题及其优化方法研究》,天津大学博士学位论文,2008年。

⑤ 刘豪:《质押组合融资的价格风险衡量》,西南交通大学硕士学位论文,2012年,第3页。

指企业用于融资抵押的存货是否具有能够足额变现的能力。存货流动性强,银行便可以在企业到期却无法偿还债务的情况下,将质押存货进行足额变现,弥补银行的损失。若存货的流动性较弱,在企业无法偿还债务时,银行也无法在质押的存货上取得亏损的资金,这样便增大了银行对于中小企业存货组合质押的风险。因此,存货的流动性对于存货的价格有至关重要的影响。对于流动性强的存货组合质押,银行给予贷款所承担的风险较小,因此可以设定较高的价格,即使在最后企业无法归还贷款,银行也可以通过存货来获得利润。这类存货在市场上有较大的需求量,需求决定价格,因此,流动性较高的存货价格较高。对于流动性较差的存货组合质押,银行给予贷款所承担的风险较大,若企业无法归还贷款,银行即使拥有所有组合质押存货的所有权,也无法将其变现,给银行带来损失,因此存货的价格必然较低,企业可以得到的贷款也是极其有限的。这类存货在市场上需求较少,不易进行兑现。因此,存货的流动性与存货的价格呈正相关关系。

基于流动性的存货组合质押模型主体由银行、中小企业、物流公司(中介)三方构成。银行、中小企业、物流公司(中介)先签订三方合同,之后中小企业将所拥有的货物按照一定要求进行组合,并交付到物流公司指定的仓库中,由物流公司进行监管。银行在确定质押物并估算其流动性的大小之后对中小企业实施贷款。物流公司对于质押的货物确定最低限额,最低限额之上的货物可以进行自由出入。在合同到期时,需要考察企业是否具有偿还贷款的能力。如果企业具备这种经济实力,则在企业还本付息之后组合货物的所有权再次归企业所有。若企业没有还款能力,则银行将依据质押货物流动性大小和价值将其变现。所得资金归银行所有,用于弥补企业贷款产生的坏账。具体情形如图 10-1 所示。

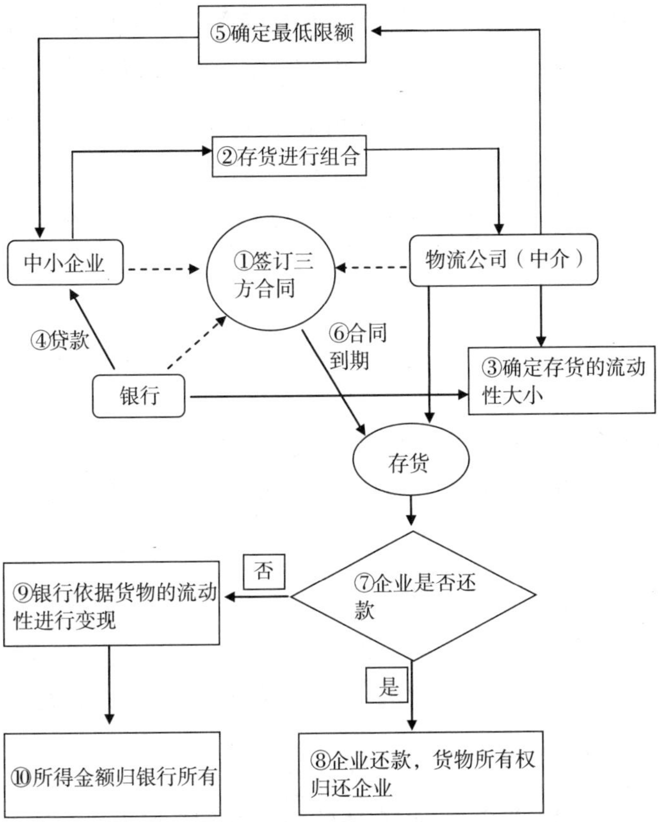

图 10-1 基于流动性的存货组合质押模型

第二节 基于流动性的存货组合质押重点难点问题分析

一、流动性大小如何度量

用价格随机变化的存货组合质押获取贷款是利用质押物，将企业的信用风险转移成了质押物的流动性风险和价格风险，从而通过保持足够数量的质押物而有效减少企业违约时的损失，缓释信用风险。[①] 尽管存入物流公司仓库的存货不能够直接用于偿还企业的债务，但是如果存货变现速度较快，即存货的流动性良好，意味着会有较大的潜在现金流降低银行给中小企业贷款的风险。但是，可以用于组合质押的货物种类繁多，进行度量的标准不一样，存货流动性大小很难予以确定，这给银行贷款金额的数量造成了困扰。

二、流动性随市场条件而变化，难以有效监控

存货的变现需要进行市场交易，市场的存货价格、货物需求、同质产品的数量、竞争状态、商品交易周期等因素都是在不断变化中的，这些因素都会影响存货的流动性。而银行对于市场内各个因素的变化很难正确了解，即使能了解也需要付出相当大的监管成本，这些成本往往会超过其所获得的收益。因此，银行要准确估计质押存货的流动性及最终可能实现的价值是比较困难的。

三、基于流动性的质押物如何进行组合

随着存货组合质押融资在我国中小企业信贷市场的应用与推广，越来越多的中小企业希望将其所拥有的多种类型存货进行组合质押。在降低融资成本的同时吸引更多中小企业参与到存货组合质押业务中来，增加了银行和第三方物流企业的业务量。但是，对于企业拥有的众多种类的货物来说，如何进行组合质押才能够得到最多的贷款，或者对企业本身产生最低的消耗，成为融资企业越来越重视的问题。银行在接收组合质押存货时，根据组合质押

① 李毅学、冯耕中、徐渝：《价格随机波动下存货质押融资业务质押率研究》，《系统工程理论与实践》2007 年第 12 期，第 42 页。

存货的性质发放相应的贷款,接收什么样的存货组合质押才能够为银行带来最小的风险是银行考虑的重点问题。

四、流动性风险防控难

在存货组合质押融资期间,质押物的价格会随着时间的变化而变化,从而使贷款业务的风险水平也在不断地变化,存货的流动性风险处于很难控制的阶段,银行和物流公司能否获得期望的收益还处于不确定的状态。这是因为银行对组合质押存货的市场前景、供需关系、竞争状态、价格波动等方面的情况很难准确了解。由于对不确定的风险无法防控,流动性风险便增大了带来坏账风险的概率。

五、存货组合质押方案的滞后性

存货组合质押需要由银行、企业和专业物流公司三方签订相关协议。存货组合质押业务涉及银行、物流企业和中小企业三方,这三方之间的信贷与监督直接关系到银行业甚至整个金融业的兴衰成败。它们之间的每个小的变动都会影响到三者利益的均衡。[①] 而且实施存货组合质押方案要经历一段时间,这段时间主体三方和市场信息都会发生一定的变化,质押方案中的某些规定缺乏时效性,对于已经变化的市场来说可能无法提供正确的处理方法,可能会给本次存货组合质押业务的三方都带来损失。

① 李娟、徐渝、冯耕中:《基于存货质押融资业务的博弈分析》,《生产力研究》2007年第20期,第49页。

第三节　基于流动性的存货组合质押优化对策分析

一、采用科学方法,有效度量流动性

银行对于进行组合质押存货的流动性评估要采用科学的方法,不能通过主观臆断。银行应该依据企业往日的经营状况,采用存货周转率和存货平均周转日数,对存货流动性进行度量。存货周转率是某一特定期间存货余额同销货成本的比例关系,可以测定企业推销商品的能力及商品存货变现的速度。企业存货的周转率越高,表示存货的周转速度越快,存货流动性越好,银行对于此次质押存货贷款的风险就越低。存货平均周转日数是存货每循环周转一次所需要的时间,它是通过一年的天数除以存货周转率所得,它与存货的流动性成反比关系,存货平均周转日数越少说明存货的流动性就越好。

二、及时有效地监控和应对流动性变化

银行一定要建立健全对于存货流动性风险的管理体系,包括对存货流动性风险的识别、评估、监测、控制及报告等各道流程,提高对于市场内各影响因素变化的识别,进一步确立存货流动性风险管理的相关政策和战略目标,建立专门的部门应对由于市场变化导致存货流动性变化所带来的影响。此外,银行还可以将质押存货流动性评估和对于市场信息监控等业务外包给有实力、有经验的专业第三方物流企业。物流公司更加接近市场,了解市场动态。将对存货的流动性评估和市场信息监控外包给第三方物流公司不仅可以为银行及时准确地反馈市场信息,分析存货的流动性

变化，而且还可以有效地刺激第三方物流公司的运营。

三、采用组合优化方法合理设置质押组合

企业可能拥有各种类型的存货，进行组合质押融资有无数种选择，在众多的可选项中选择最有利于企业和银行的存货组合模式，可以为双方带来利润，减少风险。银行可以利用组合质押存货价格变动的低相关性甚至价格的负相关性来分散组合质押业务可能造成的风险，从而降低组合质押风险的波动性，提高组合质押的风险收益比。同时，银行可以通过指定可组合质押存货品类范围等方式来进一步防范和降低风险，例如选择价格变动负相关的存货进行组合质押，在其中某种存货的市场价格降低时可以通过其他存货价格提升来获得收款总体平衡。对于企业来说，要尽量选择那些短期内不会有重大交易需求的商品进行组合质押，以确保质押存货在物流公司库存的稳定性，这样既可以提高企业的信誉，也节省了调配存货所需要的手续和开支。

四、防控好流动性风险

将先进的风险管理技术和其他定量技术引入到存货质押融资业务中。改变现阶段凭经验确定利率、贷款价值比率、贷款期限和平仓率等重要指标的方法，使存货质押融资业务的风险控制更加定量和科学。银行可以引入西方的信用评级技术，并采取风险价值模型的方法确定业务的经济资本，在银行内部实行 RAROC 的风险调节绩效的量度方法，这些方法会影响银行对存货质押融资业务的风险管理和控制水平。此外，对组合质押质押品种的选择、质押物价格风险和流动性风险的量度和防范等方面都要有更加深入的研究，提高银行在这方面的技术能力，从根本上防控存货组合质押的流动性风险。

五、存货组合质押方案应适时调整,减少时滞性

签订存货组合质押的三方应该在签订协议之后定期进行交流并修改协议上不符合实际情况的条款,对存货组合质押方案进行商榷,依据市场条件的变化作出适时调整,减少由于方案的滞后性为三方带来的损失。为了便于存货组合质押方案的调整,可以由银行、中小企业、物流公司三方派遣成员共同组成协商小组,定期对于方案的各项条款进行研究讨论,并对需要改变的条款提出相应的战略性修改意见。将存货组合质押方案细分为各个不同的板块,比如市场条件板块、三方主体板块等,这样在某一板块涉及方面发生变化时可以进行针对性的深入,以较少的时间锁定对象,节省了银行、企业、物流公司的时间和物质消耗,也更便于提出有效策略对存货组合质押方案进行调整。

在存货组合质押贷款业务中,为了最大限度地减少银行、中小企业、物流公司遭受的损失及风险,必须将存货流动性作为贷款业务的重要影响因素加以考虑。本章将流动性因素加入到存货组合质押模型中,分析流动性存货组合质押遇到的难点问题,并提出相应的对策建议。银行对于存货流动性进行评估时要采用科学的方法,要对市场进行有效监控以便即时应对存货流动性发生的变化,加强对流动性风险的防范,以免由于抗流动性风险力的薄弱而遭受损失。银行在接受组合质押存货时,要对存货组合方式进行评估,减少贷款风险。银行、企业、物流公司要对存货组合质押方案即时做出适时调整,以适应快速变化的市场,减少方案滞后性给三方带来的损失。

第十一章　考虑价格波动的存货组合质押贷款机制与优化方法研究

第一节　基于价格波动的存货组合质押贷款理论模型的构建

质押物的价格降低,会导致其在市场中的价值低于银行贷款授信的额度,加大了银行信贷风险,并且在一定程度上威胁到了银行、借款企业和第三方物流企业三者之间的长期合作关系的保持,也会近一步导致银行的贷款市场萎靡不振,使借款企业融资变得更加困难以及第三方物流企业的业务大幅缩小。因此,为了降低银行信贷风险,继续维持三方之间的长期友好合作,质押物组合质押将成为解决此问题的最好方法。存货组合质押融资是一种基于存货组合的融资质押方式。存货组合质押融资程序中银行与借款的企业需要签订关于存货组合质押贷款的合同,银行与第三方物流公司需要签订质物监管和评估协议,另外借款企业与第三方物流企业要签订物流合作协议,通过签订的这三份协议来约束银行、借款企业及第三方物流的行为。图 11-1 是根据它们之间存在的相互关系构建的模型。

存货组合质押模型的操作流程基本是:①借款企业用自己拥有产权的货物或原材料等向银行申请质押贷款。②存货由借款企业移交给第三方物流进行管理。③通过银行的委托,第三方物流

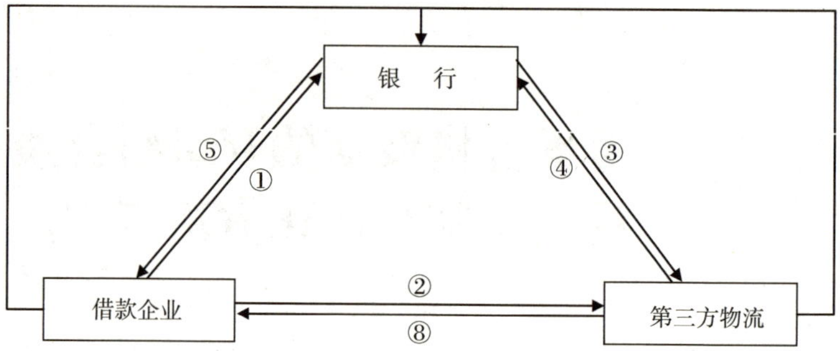

图 11-1　存货组合质押贷款流程图

对存货组合数量、规格等进行验收并作出价值评估。④根据第三方物流出具的相关存货组合价值评估报告,银行会决定质押率水平以及贷款的期限等。⑤银行发放贷款给借款企业。⑥借款企业部分或全部还款给银行。⑦银行要求第三方企业释放被委托的存货。⑧第三方物流移交存货给借款企业。在这种经营模式下,考虑到融资企业在经营活动中的现实需求,在存货组合质押过程中融资企业可以随时用同样规格、品质和数量的产品替换第三方物流仓库中的质押物,但须保证替换的新产品的总价值与其债权对应的质押物价值等价。

第二节　基于价格波动的存货组合质押阻碍因素的分析

一、难以确定质押物的最优组合

由于相关方面的研究在我国才刚刚开始,因此至今还没有专家学者在组合质押贷款中关于质押物最优组合这一方面给出明确的说明,本章认为质押物最优组合应当是一个有效的质押物组合,而且拥有最大效用和最稳价值，它只能是在有效集且具有最大可能效用的无差别曲线切点上。目前相关研究的视角主要是关于质押率的确定，很少探讨到质押物的选择，且多数研究都是假定存货价格是既定的，但在现实情况下，在市场波动的条件下存货价格是无法保持不变的。再者，至今仍然没有针对存货组合选择的专门方法，不管是银行、第三方物流还是贷款企业都没有完全掌握相关知识，因此存货组合质押中仍然普遍存在关于质押物最优组合难以确定的问题。

二、质押物价格波动给质押组合决策带来挑战

由于存货价格在存货组合质押贷款中是随机波动的，因此会有四种情形出现在两种存货组合质押过程中，分别为质押物 A 价格上升，质押物 B 价格也跟着上升；质押物 A 价格上升，而质押物 B 价格下降；或者质押物 A 价格下降，质押物 B 价格上升；质押物 A 价格下降，质押物 B 价格也跟着下降。因此，在存货组合质押贷款中除两种质押物价格发生大小相等但是方向相反的变动时才会让组合整体价格保持稳定以外，其他情形下都会导致质押物的价格偏离贷款合同签订时所评估的价值，那么原来的质押组合可能将不再是最优的组合，所以需要适宜的动态决策模型。

三、难以对质押组合价值进行准确评估

银行可否在信贷资产出现风险的时候顺利地全额回收贷款的关键、保障银行信贷资产安全回收的重要条件以及评价信贷业务风险可靠度的重要依据都是质押物价值的评估。现在各银行针对质押物的评估方法有很多，其中较为常用的方法分别是参照交易或评估价格、银行内部评估和专业机构评估。除了以上评估方法其他的主要有收益法、市场法以及成本法。对同一质押组合

利用不同的方法得出的评估结果往往差异较大。且相关评估人员缺少相应的技能，大多数只是作为评估岗的兼职人员，评估知识和评估经验欠缺的不足普遍存在，往往只能简单确认外部评估机构的评估值操作，而难以满足评估价值确认的岗位需要，从而导致实际操作中问题突出，也使得准确评估质押物价值存在很多困难。

四、道德风险会损害组合质押参与方的利益

对银行来说，质押物价值的评估在价格波动条件下需要投入大量时间及资金，因此银行将更依赖第三方物流对于质押物的评估和监管。对借款企业来说，为了获得银行贷款来缓解资金压力，必定希望将所有不同存货用于组合质押以此来获得最大贷款限额。但是，在现实经济社会中，由于各参与方都属于“经济人”，各参与者都是以自身利益最大化作为经济行为的出发点，道德风险难以避免，第三方物流很可能为了自身的利益与借款企业进行合作，为借款企业出具一些不完全真实或虚假的组合质押价值评估报告，这些一定会损害组合质押中银行的长期利益，也会更不利于三方长期的合作。

第三节　基于价格波动的存货组合质押贷款优化方法研究

存货组合价格的过度波动，可能会对银行资产负债表和借款企业还款能力造成直接影响。而且，存货组合质押贷款业务在我国才刚刚起步，缺乏了解且熟悉这些业务的人才，组合质押物的选择欠缺理论依据等问题亟须得到解决。

一、第三方物流的对策分析

（一）准确测度及评估质押物价格波动

价格波动可能是系统性的也可能是随机性的，二者的价格发生波动，都会让存货组合价格偏离价值，提高存货组合融资的经营风险，最终将限制存货组合融资业务发展，因此在此过程中第三方物流必须利用各种价格监控的方法，准确地测度和评估存货价格的波动，以便银行能够及时地采取相关应变措施，以此来避免造成较大经济损失。作为价格监测责任的主体，第三方物流应当建立和完善价格波动监测系统，对于规模较大的物流企业为提高竞争力应成立专门的存货价格波动监控部门，以便能够及时、真实和准确地获取价格波动信息。为了提高价格波动信息管理的及时性和准确性，第三方物流应该应用卡普拉—风险价值模型（Copula-VaR）的蒙特卡洛（Monte Carlo）等方法对质物的价格波动风险进行度量，并且进行综合分析，以此来保障存货组合整体价格的相对稳定，为银行确定质押率和贷款利率提供相关的依据。因为如果存货组合期望的价格越高，银行可确定的质押率就越高，反之银行可确定的质押率就会越低，如果存货组合整体期望价格保持稳定，借款企业则可能获得较高的质押率。[①] 另外，第三方物流应当和存货组合的相关经销商达成协议，给予经销商一定的运输优惠或部分报酬当作激励，促使存货经销商及时地将相关存货的价格波动信息通知给第三方物流的价格监控部门。

（二）设置组合优化方法预测质押物价格波动

根据风险组合投资的相关理论，银行在存货组合质押过程中

① 沈江：《存货质押融资业务与存货质押率研究》，上海交通大学硕士学位论文，2009 年，第 2 页。

只会对能够获得最高期望收益的存货组合进行贷款。如果存货组合价格的波动较大,那此项组合能够获得的预期收益一定不会是最高的,则第三方物流必须优化存货组合的方法。单一存货质押的价格波动是频繁的,而在相互的抵消作用下,存货组合质押价格波动的绝对数与价格波动的绝对数能够相互弥补,以平衡存货价格。在组合质押的过程中,组合质押的主要目标是保持存货组合价格的稳定,存货组合中的各单一存货预期价格波动率的加权平均数是组合质押预期的价格波动率。因此,第三方物流可借用传统的组合投资模型来设置存货组合质押模型 $P = \sum_{i=1}^{n} a_i P_i$ 预测存货组合价格的波动情况,其中 P 代表组合质押的预期价格波动率,a_i 表示第 i 种存货质押在组合质押总体中所占比重,R_i 表示第 i 种存货质押预期价格波动率,n 表示组合质押中所包含的存货种类数量。同时,第三方物流还可以建立动态规划来计算出预期价格波动率,为银行决策提供相关依据。但是,第三方物流比较欠缺组合投资方面的人才,而银行在这方面则具有比较优势,因此银行应派遣专业组合投资人才来协助第三方物流完成组合优化模型等设置。最后,若计算出的预期价格变动率超过银行存货组合质押贷款价格波动的区间,第三方物流应当建议银行终止这项贷款。

(三)评价存货组合质押贷款绩效

作为银行代理人,第三方物流的主要义务就是代理银行行使保管、监控和督促借款企业按照借款合同严格的使用借款资金,存货组合质押贷款评价工作也就成为第三方物流重要的工作内容。针对借款企业的借款项目,第三方物流应该借鉴其他领域或国外的一些经验积极地构建贷款项目绩效评价指标体系,必须把与存货质押相关的项目审批的效率、项目资金到账的效率、项目资金运作的效率和项目资金相关财务指标等纳入到指标体系中,严格督促借款企业合理使用资金，避免借款企业违规挪用、虚假使用贷款资金。

（四）调整和改进存货组合质押贷款方案

若存货价格波动随机性越大，存货组合预期的价值就会越不稳定，银行经营风险也会越高，这不但会影响银行贷款的可偿性，也可能威胁到第三方物流扩大业务范围，因此第三方物流必须积极监控存货价格的波动，针对不同价格的变动区间和不同种类存货组合设置不同贷款条件、存货组合质押率、贷款金额和还款的方式等供银行参考，为银行适时调整以及改进存货组合质押贷款的方案提供基础。

二、银行的对策分析

（一）严格选取质押物

若存货价格下降，存货的变现能力就会减弱，可能会造成质押物风险，因此银行必须合理选择质押物，尽量控制质押物风险的产生。首先，所选的存货必须为借款企业合法拥有所有权的存货。其次，存货组合中存货价值必须可以衡量和确定，并且存货预期价格波动幅度没超过银行存货组合质押贷款方案的相关规定。此外，存货组合中每一种存货都必须具备物流属性，且可变现能力较强、属性稳定。

（二）加大与第三方物流合作力度

首先，因为存货组合质押出现较晚，专门针对这一领域的课程体系我国还没建立，高校中还未开设与此比较紧密的课程以此来满足社会对存货组合质押人才的需求，导致现在我国这方面人才空缺的问题比较突出。即使是已从事与存货组合质押相关工作多年的职员，仍缺乏此领域的基础知识，欠缺从业经验，导致银行和第三方物流在价格监测以及存货组合质押融资业务经营过程中存在较多有待解决的问题。其次，由于质押率和组合选择等需要专业人才来进行计算和设计，质押率需要的是相关金融人才，组合选择需要的是关于物流方面人才，目前银行与第三方物流的合作还不够深入，沟通不够到位，人才很难实现及时沟通，降低了双方的经营效率。为解决这些问题，银行须继续深化同第三方物流的合作交流，实现人才、信息和技术互补，因为在组合投资人才方面银行具有比较优势，对存货相关业务第三方物流比较了解，在获得质物价格变动信息以及处置质物等方面第三方物流比较熟练。另外，为了解决存货组合相关方面的理论与人才困境，银行与第三方物流应定期进行人才交流，并积极地向目前国内存货组合质押方面的理论学者学习，或借鉴国外成功的案例学习存货组合质押相关理论，且定期对双方相关从业人员进行职业技能的培训，以此提高双方职员的从业水平。

（三）监控和激励第三方物流企业

因为存货组合质押业务中涉及的存货存放在第三方物流企业仓库中，所以存货的协调和监控与组合质押贷款密切相关的重要评估报告和意见都出自第三方物流企业。若存货组合整体的价格波动幅度较大，那么存货组合的未来变现所能得到的预期收益就会减少，银行肯定将取消原有贷款，不愿意再向借款企业贷款，从而导致第三方物流的业务量减少，进而影响第三方物流在物流金融中的收益，以此基于经济人的假设，第三方物流很有可能会故意隐瞒或者推迟把存货组合的价格变动情况通知给银行，也可能为了自身的利益出具虚假的评估报告以及贷款意见。若第三方物流怠于进行有效的监管，可能会导致存货组合价格大幅下降或者被挪作他用而银行却不知情，当借款企业没能力去偿还借款，银行处置质押存货时定会导致银行利益得不到有效保障。所以，对第三方物流的监控，银行应当加大力度，对其工作情况定期进行抽查，例如不定时地查看第三方物流关于价格变动信息真实性和及时性的记录，并且核实第三方物流监管的相关存货实存数等，以此防止第三方物流懈怠。此外，银行还应当建立和完善针对第三方物流的激励机制，通过物质奖励和实行名誉并行的奖励方式来激励第三方物流实时监控、稳定保管和及时报告。

（四）提前防范存货组合价格波动风险

为防范存货组合价格波动风险，除了要密切关注国内外相关质押物价格形势外，还需在贷款协议中约定，当存货组合的整体价格下降至某一确定的值时，不管存货组合质押是否到期，银行都有权要求借款企业归还其贷款，若借款企业不愿或者无法归还贷款，那么银行可对质押物进行处置，以此来控制价格波动所带来的风险。另外，银行还应加强与第三方物流在质押物的选取、质押率的确定、价格的监测等方面的交流，以此来降低由于存货组合价格波动可能造成的经营风险。

第十二章　阶段贷款视角的存货组合质押贷款优化研究

第一节　阶段贷款视角的存货组合质押风险控制理论模型

现有研究并未系统分析质押贷款业务中阶段贷款方法对风险控制的作用[①②③④]，且未涉及存货组合质押[⑤⑥⑦]，本章在研究存货组合质押时引入阶段贷款方法，以中小型企业为研究对象，首先构建基于阶段贷款方法的存货组合质押风险控制理论模型，之后分析存货组合质押业务中阶段贷款方法的影响因素，并根据分析的

---

① Albea, R.K., "Economic Aspects of Inventory and Receivable Financing ", *Law and Contemporary Problems*, Vol. 13, No. 4, Summer 1948, pp. 566-578.

② Leora, Klapper, "The Role of 'Reverse Factoring' in Supplier Financing of Small and Medium Sized Enterprises", World Bank Working Paper, September 2004, pp. 102-103.

③ Matthesen, T., " Inventory Financing: Is Your Company a Candidate?" *Apparel Industry*, Vol. 59, No. 10, Winter1998, pp. 81-82.

④ Clarke, P.D., "Inventory Lending: Is That Difficult? ", *The Secured Leader*, Vol. 20, No. 1, Spring 2001, pp. 64-68.

⑤ MacDonald, R.S., "Avoid Losses in Industrial Inventory Loans", *The Secured Leader*, No. 1, Autumn 2006, pp. 12-39.

⑥ 李娟、徐渝、冯耕中:《存货质押业务中的阶段贷款》,《统计与决策》2007 年第 6 期,第 95—98 页。

⑦ 孙朝苑、韦燕:《双品类存货组合的质押率研究》,《财经科学》2011 年第 10 期,第 117—124 页。

结果提出与之对应的对策建议，最大限度降低存货组合质押风险，保证银行、非银行金融机构和物流业三方健康发展最终达到“共赢”目标。

存货组合质押是指银行为降低贷款风险，贷款企业为申请到更高额度的贷款，用各种存货商品组合质押申请贷款，不但可以申请到较高质押率，而且有利于贷款企业确定质押商品最佳组合比例，提高融资效率。阶段贷款方法是指银行分阶段发放款项给申请存货组合质押贷的企业，以减少道德风险和银行的经营风险。

银行存货组合质押风险中阶段贷款方法控制风险的基本程序是：第一阶段，贷款企业向银行申请存货组合质押，银行托付第三方物流企业对质押的商品进行检验，要求商品便于储存、流动性强、价值便于计算等。通过检验后，物流企业把质押商品基本信息和贷款企业的运营状况提供给银行。银行经过审核后，决定向贷款企业发放款项，并订立合同，全部款项依照合同的约定分阶段发放，以此降低道德风险。与此同时，要求贷款企业在还清第一阶段款项后，在第二阶段的预期产出达到或者超过 K_2 时，银行才会发放第二阶段贷款。同时，银行托付第三方物流企业对质押商品实行管理，要求物流企业按照合同规定的日期向银行提供有关信息以便银行及时进行商品评估降低经营风险。第三方物流企业对贷款企业的生产经营管理情况等进行监督，到贷款企业还款为止。第二阶段，银行托付第三方物流企业对贷款企业的生产状况及产量进行计量，如果实际产出 $X_2<K_2$，银行停止发放款项以规避风险；若产出 $X_2 \geqslant K_2$，贷款企业的产量达到或超出合同规定的标准，风险在银行的掌控之中，银行会选择与贷款企业继续进行贷款谈判。贷款企业需再次向银行提交存货组合质押贷款的申请，银行托付第三方物流企业检验后，第三方物流企业向银

行提供检验证明和企业贷款最新信息，银行决定贷款后托付第三方物流企业管理质押商品，并与贷款企业订立第二阶段贷款合同。贷款企业清偿之后，进入下一阶段。贷款企业依据自身的经营管理情况，决定贷款的额度和阶数，但是无论在哪一阶段，银行都需委托第三方物流企业专业评估出贷款企业的最低产量，才能决定是否发放贷款。银行采取阶段贷款方法可以有效降低风险和避免损失。

阶段贷款方法用于存货组合质押业务，对银行、贷款企业和第三方物流企业实现联动发展以及互利共赢的作用是不可估量的。从基于阶段贷款的存货组合质押风险控制流程中可以看出，采取阶段贷款方法，对银行防止贷款企业的道德风险和提高风险管理能力都是有利的。基本流程如图 12-1 所示。

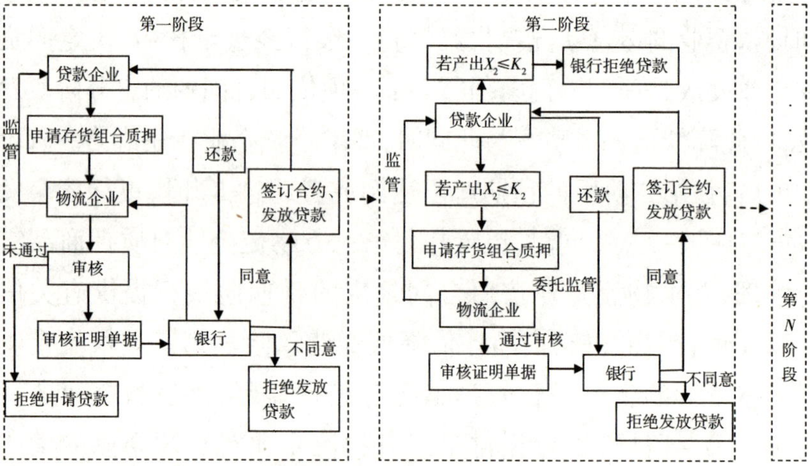

图 12-1　基于阶段贷款方法的存货组合质押风险控制理论模型

注：X_N 表示第 N 阶段贷款企业的期望产出。

K_N 表示银行同意第 N 阶段贷款时的总产出。

第二节　阶段贷款视角的存货组合质押难点分析

一、确定贷款阶段数困难

在最常见的存货质押贷款方法中，银行将贷款总额一次性发放给贷款企业并托付第三方物流企业执行仓储管理，物流企业管理库存的状况难监督，银行只能依照合同来约束物流企业行为和贷款企业的经营管理，因此银行在控制贷款风险方面的能力是有限的。银行采取阶段贷款方法时可以有效控制风险，但是缺乏计量最佳贷款阶段数的技术条件。这对银行防止企业违约风险和贷款企业生产积极性都会产生负面影响。①

二、确定阶段贷款金额困难

确定阶段最佳放款金额是大多数银行面临的难点之一。每一阶段银行提供贷款金额与第三方物流企业和贷款企业的效益密切相关。究其原因，首先，不能确定每阶段贷款金额，可能会影响物流企业对贷款企业监控，不利于银行的风险管理。其次，不能确定每阶段贷款金额，不利于企业对投资进行预算。足够的资金可以保证企业生产经营的健康发展，如果银行仅仅确定阶段贷款数量，没有考虑贷款企业的资金需求，也可能导致企业资金不足、经营管理努力程度降低的现象，甚至造成生产停滞，削弱企业产品的市场竞争力。由此可见，银行确定各阶段贷款数量对银行控制风险是

① 隋如彬、肖晓旭：《物流企业存货质押业务风险研究》，《现代商业》2011 年第 29 期，第 6—8 页。

有利的,但是从整体来看,可能会导致贷款企业资金不足、企业市场竞争力下降,对银行和第三方物流企业收益都具有重要影响。

三、确定放款标准困难

银行主要考虑贷款企业的产量、销量、利润率等企业指标,并未考虑影响贷款企业经营的外部性因素。实际上,除贷款企业内部运营状态外,银行还要考虑到外部性因素,例如,货币供应量、贴现率、政府的宏观经济政策、金融市场景气指数等经济指标;银行资本充足率、存货质押流动性、经营风险、阶段复杂程度等银行存货组合质押业务开展指标;第三方物流企业管理技术、信用等级、经营能力等存货监管指标。但是在实务操作中,银行业内没有建立完整的放款标准系统,大部分银行会自主制定放款标准并决定是否放款。

四、容易产生道德风险

由于银行缺乏相关的技术条件,在开展分阶段存货组合质押贷款业务中,只托付物流企业对质押商品进行管理。大部分贷款企业为了保证商业机密,并不会同意物流企业直接参与到实际企业生产管理,因此相关的贷款评估指标例如产量、销量、现金量、利润率等有关数据都由贷款企业提供给第三方物流企业,再由物流企业提供给银行。物流企业对贷款企业生产经营状况的评估也需要相当的技术条件,因此物流企业无法精确评估贷款企业是否达到银行放款标准。不少企业利用这一漏洞,提供虚假的生产经营数据以骗取银行阶段贷款,这样就产生了道德风险,增加了银行和物流企业的潜在风险。

五、未针对第三方物流企业建立系统完善的激励机制

在开展企业存货组合质押的过程中,银行将主要流程操作托

付给第三方物流企业，物流企业对质押商品直接进行管理和监督。在一定条件下，经过银行批准贷款企业可以增加或调回一定数量的质押商品，并经过第三方物流企业的确认及记录。由此可见，第三方物流企业在阶段贷款中起桥梁媒介的作用。但是，如果银行不给予第三方物流企业一定的激励，第三方物流企业在管理质押商品时可能出现松懈现象和漏洞，甚至贷款企业与第三方物流企业暗中勾结以骗取银行贷款。由此产生的委托代理问题，增加银行开展存货质押业务的风险。

六、确定每阶段贷款撤销机制困难

银行在开展存货组合质押业务采用阶段贷款方法过程中，不同阶段都存在一定程度的风险，例如贷款企业在生产经营活动中，由于经营管理不善导致收益低于预期，可能导致拖欠还款金额或无法偿还阶段贷款，增加银行的经营风险。如果银行撤销贷款并要求贷款企业还款则可能导致贷款企业生产停滞甚至无法生产的后果。目前银行尚未建立系统健全的分阶段贷款撤销机制来控制贷款企业的败德行为和存货组合质押业务面临的各种风险。既增加了银行开展存货组合质押贷款业务的风险，也不利于质押业务的持续健康发展。

第三节　阶段贷款视角的存货组合质押对策分析

一、确定风险最小的贷款阶段数

最佳贷款阶段数关系到银行业务风险、第三方物流企业管理成本和企业业绩，是存货组合质押业务中阶段贷款的核心参数。

阶段数过多或过少都会增加银行开展业务难度并影响贷款企业经营管理。银行在存货组合质押业务开展过程中，应当充分考虑到各种难以预测的客观风险因素，详细评估潜在风险，在风险最小的情况下确定贷款阶段数。确定的最佳阶段数不仅对银行控制和防止各类风险是有利的，而且对提高贷款企业生产的积极性和第三方物流企业的管理都是极为有利的。

二、根据银行风险和贷款企业的效益确定各阶段放款金额

基于阶段贷款方法的存货组合质押业务，多数银行没有科学的标准来计量贷款数量，甚至有的资本充足的银行为了扩展贷款业务存在不顾贷款企业的经营状况随意确定贷款金额的现象。不科学的贷款数量确定方法，不仅增加银行的业务风险和导致贷款企业滥用资金，甚至导致存货组合质押贷款业务的中止。银行各阶段发放的最佳贷款金额既要根据银行对各种风险的评估，还要考虑贷款企业的现实效益和未来发展潜力，以及第三方物流企业的管理能力。确定的最佳贷款金额可以有效地提高贷款企业生产积极性、物流企业的管理程度并降低银行的经营风险。

三、全面评估指标确定放款标准

在制定放款标准时，银行应主要参考贷款企业的生产能力，全面考虑其他相关指标。企业的销量、利润率和现金流量等财务指标，第三方物流企业管理质押商品的能力，以及银行本身的风险管理状况都应列入指标体系中。单方面考虑贷款企业的生产经营情况，不能全面反映存货组合质押业务中面临的风险因素。银行应与运输企业合作，利用专业技术对贷款企业以及银行自身经营状况进行精确评估，最大限度降低各种业务风险，促进银行和贷款企

业健康发展。建立系统完善的阶段贷款的放款标准，才能有效控制存货组合质押业务风险。

四、采取相关措施降低道德风险

在分阶段贷款过程中，贷款企业为了顺利申请到贷款，可能会提供虚假财务指标。虽然物流企业在存货组合质押业务中管理质押商品和监督贷款企业生产，但是物流企业往往没有或者缺乏相关技术精确评估来贷款企业的各项生产经营指标，而且贷款企业也可能会暗中勾结或者贿赂第三方物流企业向银行提供虚假指标，骗取银行贷款。为防止出现上述情况，银行需要采取相关措施迫使第三方物流企业严格依照合同约定的条件履行管理义务，加强对第三方物流企业的考核标准，防止第三方物流企业和贷款企业相互勾结损害银行利益。银行应建立严厉的惩罚机制，对贷款企业和第三方物流企业道德问题进行惩罚，降低道德风险发生率。

五、建立有效的激励机制

银行缺乏专业的运输条件、储存条件、销售渠道、审核技术和管理技术，只能将质押商品托付给物流企业进行管理。第三方物流企业在存货组合质押业务中起着连接银行和贷款企业的桥梁作用，其专业技术和敬业程度直接影响基于阶段贷款方法的存货组合质押业务的健康发展。因此银行建立有效的激励机制，不仅能提高第三方物流企业对质押商品的管理，而且有利于整套业务的顺利进行。合理制定激励标准，使得第三方物流企业与银行的利益保持一致。保证银行在实现利润最大化的同时第三方企业利润亦实现最大化。基于这样的共赢局面，才能更好提高第三方物流企业业务能力，对质押商品进行有效管理，保障质押商品质量如初，这对存货组合质押业务整个流程具有重要的积极意义。

六、科学制定贷款撤销标准

在阶段贷款过程中，银行需要科学制定贷款撤销标准降低各种业务风险，将经营风险控制在最小的水平。在贷款企业生产经营状况达到贷款撤销标准时，银行依照合同的约定停止对企业的贷款并要求其尽快偿还欠款。科学制定贷款撤销标准，不仅能约束贷款企业各阶段违约行为，而且有利于银行全面控制风险和提高贷款企业生产的积极性。贷款撤销标准作为存货组合质押贷款业务的重要标准，对促进存货组合质押业务健康发展和银行的风险管理能力的提高具有不可替代的作用。

研究基于阶段贷款方法的存货组合质押风险控制对银行具有理论和现实的参考价值。本章以中小型企业为研究对象，在存货组合质押业务中引入阶段贷款方法，建立基于阶段贷款方法的存货组合质押风险控制理论模型。从最佳阶段数、每阶段贷款金额、放款条件、企业道德风险、激励机制和贷款撤销机制六个方面分析阶段贷款条件下存货组合质押业务面临的障碍因素。并针对这些因素，从建立完善的激励机制、根据风险最小化原则确定贷款阶段数、各阶段放款数量应综合考虑银行风险和贷款企业效益、全面评估各指标确定放款条件、有效规避道德风险、科学制定贷款撤销标准等方面提出对策建议。这些建议不仅对银行控制业务风险，提高银行、贷款企业和第三方物流企业的业务水平有利，而且对存货组合质押贷款业务发展和完善，促进存货质押业务操作科技化、现代化和精细化都是极为有利的。

第十三章　基于价格波动的存货组合质押贷款最优清算策略研究

现阶段关于存货质押业务的定性定量研究多数集中于单一商品存货质押业务，而缺乏关于多样化商品组合质押业务方面的研究①。存货组合质押的后阶段操作尤其是清偿阶段中存在一定风险，关于这方面的研究少之又少。在银行清偿阶段，主要风险来自质押商品价格波动造成变现价值的损失②。商品价格波动是指其价格围绕着价值上下波动，有时高于价值，有时低于价值，其具有不确定性、不可预见性、不稳定性等特征，增加了银行对业务后期清偿难度，从而给存货组合质押业务的开展带来消极影响。因此，对基于商品价格波动的存货组合质押贷款最优清算策略的研究具有一定的理论价值和现实意义。

第一节　基于价格波动的存货组合质押最优清算模型

企业为了获得贷款，利用存货组合质押的业务向银行申请贷

---

① 李富昌、祁山舢：《价格波动的存货组合质押贷款最优清算策略》，《学术探索》2013 年第 168 卷第 11 期，第 54—57 页。

② 李毅学、冯耕中、徐渝：《价格随机波动下存货质押融资业务质押率研究》，《系统工程理论与实践》2007 年第 12 期，第 42—48 页。

款，若在合同约定的时间内企业有能力还款，那么整个业务流程无须进入清偿阶段，若企业在合同约定的期限内无法清偿贷款，则存货质押融资业务进入清偿阶段，银行依照合同的规定对该企业的融资质押商品进行变现来补偿银行业务损失。银行在操作存货组合质押清偿时，需经过公告、解押、确认签字、变现四个主要流程。银行首先通知该企业在约定的期限内未还贷款，并对第三方物流企业代管的该质押商品进行解押，在约定程序下进行解押，银行、贷款企业和第三方物流企业均签字交接，最后，由银行对该质押商品按照市场参考价格寻求交易进行变现。“存货组合质押”清偿流程如图 9-1 所示。

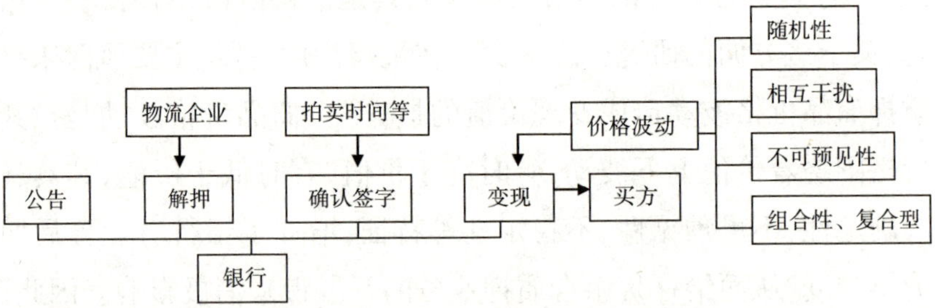

图 9.1 “存货组合质押”清偿流程图

第二节 基于价格波动的清算障碍因素分析

一、价格波动的不确定性和预测困难

价格波动是造成存货组合质押业务风险的重要因素之一，由于价格波动具有显著的不确定性，银行托付第三方物流企业精心管理质押商品来降低企业违约风险。不确定性是经济学风险管理中的一个重要概念，主要指经济主体对未来的收益损失不能确知。

价格波动的不确定性表现为在一定时期内基本相同的条件下循环波动。因为价格波动可能上升或者下降,所以有时在基本相似的条件下确定其概率变化比较困难。同时,价格波动的预测困难也抑制银行对于存货组合质押商品的清偿,正因为银行不能正确评估到期质押商品价值,最终可能给银行带来损失。尽管最初对质押商品的估价是可行的,对防范价格变化带来的风险已经保持一定的空间,但是价格波动的不确定性和预测困难大大提高了银行组合质押商品的清偿风险和评估难度,为银行确定最优清偿策略带来障碍。

二、价格波动的多样性、复合性

实际上,价格波动不仅仅是单一商品的价格波动,市场中某一商品价格的变化一般会带来涟漪效应。同样,相似情况也存在于存货市场,在单一商品存货质押时,单一商品价格变化会使银行遭受到质押商品价格变化带来的风险,而在多种商品存货质押清偿时,某类存货商品价格变化在商品市场中可能各会通过各方面机制而影响其他类存货商品的价值带来叠加效应,价格波动的这种多样性特点使得银行存货组合质押商品价值变化更多元化,进而增加银行清偿难度。

三、价格波动的相互制约、相互干扰

在银行多种存货质押中不同商品的价格波动易相互制约和影响,微观经济学分析了某种商品的互补品和替代品对该商品的需求和价格的影响。互补品基本含义指的是只有相互配套才能满足消费需求的商品。而替代品则指两种商品能够相互替代来满足消费者的某种需求。当某一质押商品的价格上涨时,其互补品的需求量及价格将会下降。同理,当某一质押商品的价格上涨时,其替代品的需求量及价格将会升高。组合存货质押各类商品之间可能是互补品、替代品及不相关商品，某一商品价格变化会与其他商品相互制约和干扰，例如生产型企业在存货组合质押业务中偏向于利用互补品，而零售业企业则更多偏向于替代品。由于缺乏专业技术，银行将面临质押商品分类，确定商品之间关系，控制商品之间正向、逆向或者不相关影响等方面的难题。各类存货的行业之间也会相互制约或者相互作用，不同商品、市场相互作用导致价格变化，最终导致更复杂的变动关系，阻碍了银行清偿组合质押商品。

四、存货组合质押业务清算策略鲁棒性分析

“鲁棒性”指如果某一模型在某种假设下是正确的，而这个假设与设计该模型时使用的假设不一样，即这个模型具有鲁棒性。而存货组合质押清算策略模型的鲁棒性是指该策略可以防御市场环境变化尤其是市场价格变化所导致的各种不确定性。银行一般会选择基础原材料、战略物资、大宗物资、原始产品、半成品作为质押物来降低风险。尽管质押物经过评估可以在一定期限内保值，但是仍然难以预测商品价格的波动方向，现有的存货质押清算策略对价格波动的抵抗力较弱，受价格的波动的影响较大，缺乏鲁棒性。

五、存货组合质押业务清算策略滞后性分析

金融市场价格变化莫测，实际业务中银行的存货组合质押清算策略对价格变化不敏感，应对策略通常滞后于价格变化。由于滞后性的存在，银行无法及时掌握处置质押物的最佳时机。例如某质押商品在贷款期限内价格处于相对较高水平，由于清算策略存在滞后性，在银行寻求交易时，质押商品价格可能由于各种不确

定因素已经大幅下跌,因此滞后性引起的价格变动增加了银行业务风险。此外,当多家银行开展相似的质押贷款业务,在其他银行变现某一质押商品情况下,该商品大量涌入市场,必然导致该类质押商品的价格下跌。由此可知,银行清算策略滞后期越久由于价格下跌所导致的损失风险就越大。

第三节　价格波动下存货组合质押清算策略建议

一、强化商品价格监控和预测

在市场经济背景下,商品价格主要由市场决定,但是由于我国市场经济体制还不完善,非法经济行为、垄断等因素扰乱市场秩序和价格稳定。商品市场的价格波动可能增加清偿风险不利于银行风险管理。因此,强化价格监控和预测有利于顺利清偿质押存货。具体来说,政府首先应对价格进行监管并制定相应的法律,应从反价格垄断、反价格欺诈、反低价倾销、反价格歧视、禁止强制消费、明码标价等主要方向着手。为了依法监管市场,政府行政机构物价局可以被授权直接管理市场价格、依法处理非法经济活动,配合公安机关追究非法经济活动者的民事和刑事责任。其次,通过发放宣传册加强价格监控的舆论宣传,及时曝光欺诈消费者等恶意行为来引发公众关注。此外,强化价格预测和预警也有利于银行确定存货组合质押的最佳商品组合模式和规模,从而减少因价格波动带来的损失。在存货组合质押业务中既要对组合商品的价格进行升降预测,还要对组合商品的价格相互影响机制进行分析。对质押商品的预测有回归模型预测法、博克斯—詹金斯(Box-Jenkins)方法和风险价值模型、神经网络模型等,各种方法各具优势,银行利用合适模型对质押商品进行价格预测,根据市场行情制定预警措施，有利于银行在短期内处理质押商品尽量降低业务损失。

二、注重单一商品价格和组合商品价格的关系分析

多商品的存货组合质押既要考虑单一质押商品的价格，还应考虑组合质押商品各商品的组合价格能否使银行顺利完成清偿。银行在操作多商品存货组合质押贷款业务时应在准确把握单一商品价格和组合商品价格关系的基础上确定最佳质押商品组合。由于质押商品价格波动具有不确定性，银行应综合科学考虑质押商品数量和各个质押商品之间的关系，将价格波动呈负相关的质押商品合理组合，避免质押商品价格同向变动的情况，有效对冲风险。此外，银行应以高利润且价格波动幅度大的质押商品为主打策略，再选择与其价格波动负相关的商品，保证组合质押商品价格的稳定。

三、正确区分价格的系统变化、随机变化和相互干扰

在存货组合质押业务的后期操作中，银行应正确认识价格的系统变化、随机变化和相互干扰之间的联系和区别。价格的系统变化是由市场内部或者外部因素引起的整个市场大部分商品价格波动；价格的随机变化是由新政策推出、负面消息、高管调动等因素造成的部分质押商品的价格波动；价格的相互干扰是各种质押商品之间价格变动的相互制约。不同类型价格变动应利用相应的清偿策略，对于价格的系统变化，应分清是政府因素还是市场本身因素造成的，并预测这些因素影响商品价格的持续时间，从而决定处理质押商品的最佳时机；对于价格的随机变化和相互干扰，种种原因导致的单一商品价格变动进而影响其他商品价格，银行应分析该类商品的价值和数量，并制定调整策略，该策略应综合考虑各

存货质押商品价格波动方向，并且主要考虑组合质押商品的整体价值。

四、提高业务清算策略的鲁棒性

不确定因素的存在严重干扰和影响存货组合质押清算，提高存货组合质押清算策略的鲁棒性对银行预测市场行情和价格波动有重要意义，并关系到银行的效益和风险管理。提高存货组合质押业务清算策略的鲁棒性应从规范组合商品和价格波动方向应对策略开始。由于价格波动不定，银行应从不同层次综合考虑质押商品组合类型和比例，引起价格波动的诸多原因，合理操作质押业务清偿，防止因银行内部因素延误质押商品的变现时间，在制定清算策略时还应考虑外部性因素，包括经济政策变动、价格水平波动、利率波动等。此外，清算策略应尽可能包括更多种类质押商品，详尽区分不同类型的组合商品，以追求组合商品的整体效益。同时，对于一些特殊商品可以制定相关应对措施，并在存货组合质押业务主体同意的情况下予以采纳，例如对于价格波动概率较大的商品采取“预先价格承诺”的措施，即保证业务清偿阶段银行能获得较高收益，以此增加清偿策略的多样性，减少银行由于价格波动而带来的风险。

五、提高业务清算策略的时效性

银行存货组合质押业务清算的时效性是整个业务清算流程最主要的因素，寻求最佳交易时间是银行降低商品价格风险的重要环节，减少存货组合质押清算时间可以节省由第三方物流企业管理存货产生的费用。运用科学的方法，假定变现时间外生的情况下，运用动态规划、均值方差或随机变动规划的方法来制定动态最优清算策略；而在假定变现时间内生的情况下，采用最优控制理论或加权平均价格法制定最优清算时间和策略。银行还应强化对存货组合质押的监督，例如对存货质押管理软件的升级和维护，保证系统及时获取经济最新动态并通过计算机对组合商品的价格波动和变现时间综合运算结果做出可行的决策和提出相关建议。加强与第三方物流企业的合作与交流，建立银行与第三方物流企业质押贷款信息共享的网络平台，利用第三方物流企业在生产要素市场、商品市场和大宗商品交易市场的变现优势，为银行提供交易主体和相关建议，尽快和高价变现质押商品。通过该网络平台，银行能及时将质押商品的管理、交易、变现和其他处理方式等信息传递给物流企业，物流企业还可以尽快满足银行对质押商品的变现需求，从而推动双方的互利共赢。

面对变幻莫测的市场经济环境，存货组合质押贷款业务越来越受到重视，但是价格波动一直是制约存货组合质押业务推广的主要障碍因素，其对组合质押贷款业务的存货清算产生重要的影响，银行作为贷款提供方应重点关注价格波动条件下存货组合质押贷款最优清偿策略的制定，以减少质押商品存货清算造成的亏损风险。要积极关注市场变化、国民经济和政策动态，分析价格波动的一般规律，提高最优清偿策略的鲁棒性、灵活性和时效性，促进存货组合质押贷款业务的规范化、精益化和精细化。

参考文献

[1]白世贞、徐娜:《基于存货质押融资的质押率决策研究》,《系统工程学报》2013年第5期。

[2]毕东:《不同投资组合模型下的中国股票市场资产配置研究》,南开大学硕士学位论文。

[3]蔡一鸣:《现代投资组合理论的一个拓展:出口市场组合模型——关于我国出口市场多元化的理论思考》,《对外经济贸易大学学报》2006年第3期。

[4]常伟、胡海青、张道宏等:《存货质押融资业务的流动性风险度量》,《预测》2009年第6期。

[5]曹阳:《基于资金约束供应链的融资组合优化设计研究》,中国海洋大学硕士学位论文,2012年。

[6]曹玉贵:《不对称新信息下第三方物流中的委托代理分析》,《管理工程学报》2007年第21卷第2期。

[7]陈宝峰、冯耕中、李毅学:《存货质押融资业务的价值风险度量》,《系统工程》2007年第10期。

[8]陈玲:《第三方物流契约激励机制研究》,大连理工大学硕士学位论文,2012年。

[9]陈祥峰、朱道立、应雯珺:《资金约束与供应链中的融资和运营综合决策研究》,《管理科学学报》2008年第3期。

[10]陈祥峰、朱道立:《资金约束供应链中物流提供商的系统

价值研究》,《系统工程学报》2008 年第 6 期。

[11]陈云、刘喜、杨琴:《基于清算延迟和流动性风险的供应链存货质押率研究》,《管理评论》2015 年第 4 期。

[12]陈永武:《现代投资组合理论及其应用于中国股票市场的实证研究》,暨南大学硕士学位论文,2002 年。

[13]范英明:《基于投资组合理论的中国旅游市场组合优化分析》,天津大学硕士学位论文,2012 年。

[14]冯耕中:《物流金融业务创新分析》,《预测》2007 年第 1 期。

[15]高振斌:《基于可能度的模糊证券投资组合优化模型》,《统计与信息论坛》2015 年第 5 期。

[16]郝寿义、高炽海:《对养老保险基金、养老金基金投资房地产的思考——从投资组合理论及现实角度的考虑》,《中国经济问题》1998 年第 4 期。

[17]何娟、刘苗苗:《存货质押业务关键风险因子实证辨识分析》,《金融理论与实践》2012 年第 1 期。

[18]何娟、王建、蒋祥林:《存货质押业务质押组合价格风险决策》,《运作管理》2013 年第 11 期。

[19]胡本勇、彭其渊、王性玉:《考虑采购资金约束的供应链期权柔性契约》,《管理科学学报》2009 年第 6 期。

[20]胡劲松、闫伟:《资金约束模糊报童问题 Stackelberg 均衡策略》,《系统工程学报》2008 年第 6 期。

[21]黄云飞、庄新田等:《存货质押融资螺纹钢风险价值的控制》,《东北大学学报》2015 年第 2 期。

[22]接婧:《国际学术界对鲁棒性的研究》,《系统工程学报》2005 年第 2 期。

[23]金武、王綂尘、董小洪:《对风险厌恶型投资者克服逆向

选择作用的信贷决策机制分析》,《上海交通大学学报》1996 年第 8 期。

[24]金武、王綄生、董小洪:《银行的信贷决策机制(一)——信贷市场为不完全竞争情形》,《系统工程学报》1996 年第 2 期。

[25]匡海波、张一凡、张连如:《低碳港口物流质押贷款组合优化决策模型》,《系统工程理论与实践》2014 年第 6 期。

[26]李富昌、张译丹:《基于阶段贷款方法的存货组合质押风险控制研究》,《商业研究》2014 年第 4 期。

[27]李富昌、祁山舢:《价格波动的存货组合质押贷款最优清算策略》,《学术探索》2013 年第 11 期。

[28]李凯:《基于投资组合理论的房地产调控政策有效性分析》,《统计与决策》2012 年第 8 期。

[29]李丽:《基于统一授信模式融通仓的第三方物流选择中小企业》,《工业工程》2010 年第 13 期。

[30]李梦、冯耕中:《存货质押融资业务最优清算策略》,《系统工程理论与实践》2010 年第 9 期。

[31]李全民:《证券投资基金业绩分析的案例研究——用现代投资组合理论分析我国投资基金的业绩》,暨南大学硕士学位论文,2002 年。

[32]李冉冉、孙梅:《基于投资组合理论的发电组合优化》,《系统管理学报》2014 年第 6 期。

[33]李冉冉:《基于投资组合理论中国能源结构优化的研究》,江苏大学硕士学位论文,2013 年。

[34]李蜀湘:《基于风险分担的存货质押贷款优化契约模型》,《山西财经大学学报》2011 第 3 期。

[35]李毅学:《物流金融创新下存货质押融资合约设计风险控制——以江西邮政速递物流公司开展的质押监管为例》,《华东

经济管理》2012年第7期。

[36]李毅学、冯耕中、徐渝:《价格随机波动下存货质押融资业务质押率研究》,《系统工程理论与实践》2007年第12期。

[37]李毅学、徐渝、陈志刚:《股票质押贷款业务的贷款价值比率》,《系统工程》2006年第10期。

[38]李毅学、冯耕中、张媛媛:《委托监管下存货质押融资的关键风险控制指标》,《系统工程理论与实践》2011年第4期。

[39]李毅学、徐渝、冯耕中:《国内外存货质押融资业务演化过程研究》,《经济与管理研究》2007年第3期。

[40]李毅学、徐渝、冯耕中、王非:《标准存货质押融资业务贷款价值比率研究》,《运筹与管理》2006年第6期。

[41]李毅学、徐渝、冯耕中、王非:《重随机泊松违约概率下库存商品融资业务贷款价值比率研究》,《中国管理科学》2007年第1期。

[42]李毅学、汪寿阳、冯耕中:《物流金融中季节性存货质押融资质押率决策》,《管理科学学报》2011年第11期。

[43]李毅学、张媛媛等:《物流与供应链金融创新——存货质押融资风险管理》,科学出版社2010年版。

[44]李娟、徐渝、贾涛:《物流金融创新下的订单融资业务风险管理》,《统计与决策》2010年第19期。

[45]李娟、徐渝、冯耕中:《基于存货质押融资业务的博弈分析》,《生产力研究》2007年第20期。

[46]李娟、徐渝、冯耕中:《存货质押融资业务中的阶段贷款》,《统计与决策》2007年第6期。

[47]李娟、徐渝、贾涛:《物流金融创新下的订单融资业务风险管理》,《统计与决策》2010年第19期。

[48]李小花、劳本信:《投资组合理论在供应链风险控制中的

应用》,《商业时代》2010 年第 7 期。

[49]梁静:《物流外包中的相关委托—代理模型研究》,《科技管理研究》2009 年第 8 期。

[50]梁静、蔡淑琴、吴颖敏:《信息共享程度对物流外包激励契约的影响》,《中国管理科学》2006 年第 1 期。

[51]林辉平、刘燕武、张忠桢:《Markowitz 投资组合理论在复合套期保值中的应用》,《武汉理工大学学报》2001 年第 23 期。

[52]刘妍、安智宇:《考虑流动性风险的存货质押融资质押率的设定》,《中国管理科学》2014 年第 22 期。

[53]刘俣豪:《质押组合融资的价格风险衡量》,西南交通大学硕士学位论文,2012 年。

[54]罗明雄:《互联网金融蓝皮书》,电子工业出版社 2014 年版。

[55]罗齐、朱道立、陈伯铭:《第三方物流服务创新:融通仓及其运作模式初探》,《中国流通经济》2002 年第 2 期。

[56]马珊珊:《面向 TPL 企业的存货融资决策问题及其优化方法研究》,天津大学博士论文,2008 年。

[57]马中华、朱道立:《物流企业在存货质押融资中的决策问题研究》,《系统工程学报》2011 年第 6 期。

[58]庞素琳、黎荣舟、刘永清等:《基于信息不对称的银行信贷风险决策机制及分析——信贷风险决策机制》,《系统工程理论与实践》2001 年第 4 期。

[59]潘永明、李紫薇:《统一授信下物流企业存货质押融资业务风险》,《价值工程》2015 年第 22 期。

[60]齐乐:《包商银行存货质押风险研究》,内蒙古大学硕士学位论文,2013 年。

[61]齐二石、马珊珊、韩铁:《组合仓单质押贷款质押率研

究》,《西安电子科技大学学报》2008 年第 11 期。

[62]尚宗元:《能值价值理论及其价值规律研究》,西北农林科技大学硕士学位论文,2010 年。

[63]沈江:《存货质押融资业务与存货质押率研究》,上海交通大学硕士学位论文,2009 年。

[64]石永强、张智勇、杨磊:《中小物流企业融资模式的创新研究——基于物流金融》,《技术经济与管理研究》2012 年第 5 期。

[65]隋如彬、肖晓旭:《物流企业存货质押业务风险研究》,《现代商业》2012 年第 6 期。

[66]隋如彬、肖晓旭:《物流企业存货质押业务风险评价指标体系研究》,《中国西部科技》2011 年第 31 期。

[67]隋云云、马树才:《带有流动性约束的投资组合模型及其应用》,《统计与信息论坛》2014 年第 12 期。

[68]孙朝苑、韦燕:《双品类存货组合的质押率研究》,《财经科学》2011 年第 10 期。

[69]孙喜梅、赵国坤、汪颖:《存货质押融资对供应链效益的影响》,《深圳大学学报(理工版)》2014 年第 3 期。

[70]汤迪:《供应链金融存货融资的担保物风险控制研究》,浙江工商大学硕士学位论文,2012 年。

[71]汪贤裕、颜锦江:《委托代理关系中的激励和监督》,《中国管理科学》2000 年第 3 期。

[72]王成军、魏红刚、杨菊丽:《价格影响需求下的存货质押率最优决策模型构建》,《商业时代》2013 年第 1 期。

[73]王素娟:《供应链融资与运作联合决策问题研究综述》《华东经济管理》2010 年第 24 卷第 1 期。

[74]王婷、汤莉、徐培:《基于委托代理关系的农产品物流外包激励契约研究》,《商业研究》2010 年第 9 期。

[75]王伟、邓春林:《随机占优理论及其在证券投资组合风险模型中的应用》,《湘潭大学学报》2014 年第 6 期。

[76]王勇、罗富碧、林略:《第四方物流努力水平影响的物流分包激励机制研究》,《中国管理科学》2006 年第 2 期。

[77]王勇、徐鹏:《考虑公平偏好的委托模式融通仓银行对 3PL 激励》,《管理工程学报》2010 年第 1 期。

[78]王震、王恺:《基于 Markowitz 投资组合理论的油气勘探开发投资决策》,《中国石油大学学报(自然科学版)》2008 年第 1 期。

[79]韦燕:《物流金融存货组合质押业务中银行的决策研究》,电子科技大学硕士学位论文,2011 年。

[80]韦燕、孙朝苑、帅斌:《存货质押业务中银行对第三方物流的激励契约设计》,《物流技术》2010 年第 12 期。

[81]魏杰、涂奉生、魏灿生、孙俊清:《基于制造商资金有约束的替代产品的最优生产决策》,《系统科学与数学》2009 年第 7 期。

[82]吴望良、张守芳:《我国中小物流企业融资分析》,《才智》2009 年第 6 期。

[83]吴卫星、齐天翔:《流动性、生命周期与投资组合相异性——中国投资者行为调查实证分析》,《经济研究》2007 年第 2 期。

[84]徐玖平、陈书建:《不对称信息下风险投资的委托代理模型研究》,《系统工程理论与实践》2004 年第 1 期。

[85]徐丽梅、吴光伟:《引入流动性的证券投资组合模型构建与实证分析》,《系统工程理论与实践》2007 年第 6 期。

[86]徐民:《投资组合理论在房地产领域的应用》,对外经济贸易大学硕士学位论文,2007 年。

[87]徐鹏、王勇、杨金:《共同委托仓单质押下银行对 3PL 的

激励和监督》,《科研管理》2010 年第 3 期。

[88]徐鹏、王勇、杨金:《基于委托模式融通仓的银行对第三方物流激励和监督》,《管理科学》2008 年第 1 期。

[89]徐元栋、黄登仕、刘思峰:《奈特不确定性下的行为决策理论研究综述 》,《系统管理学报》2008 年第 5 期。

[90]杨浩雄、鲍寅丰:《物流金融业务中质押物选择研究》,《北京工商大学学报(社会科学版)》2009 年第 1 期。

[91]于萍、徐渝:《存货质押三方契约中银行对物流企业的激励》,《运筹与管理》2010 年第 3 期。

[92]于萍、徐渝、冯耕中:《信贷人存货质押贷款中最优质物甄别合同研究》,《运筹与管理》2007 年第 4 期。

[93]于萍、徐渝、冯耕中:《存货质押贷款中的信号发送——甄别分离均衡》,《运筹与管理》2009 年第 4 期。

[94]张坤:《增进多样性和构建和谐社会——一个投资组合理论的视角》,《老区建设》2011 年第 6 期。

[95]张钦红、赵泉午:《需求随机时的存货质押贷款质押率决策研究》,《中国管理科学》2010 年第 10 期。

[96]张燃、徐爽、王凤敏:《质押贷款质押率决定的期权定价方法》,《中国管理科学》2013 年第 1 期。

[97]张云丰、王勇:《损失额视角下多存货组合质押融资决策研究》,《金融理论与实践》2014 年第 8 期。

[98]张云丰、王勇:《统一授信模式下存货组合与循环质押融资决策》,《重庆大学学报》2015 年第 2 期。

[99]张媛媛、李建斌:《库存商品融资下的库存优化管理》,《系统工程理论与实践》2008 年第 9 期。

[100]张兆安:《化解我国中小企业融资难的七项建议 》,《上海企业》2013 年第 1 期。

[101]赵陵:《现代投资组合理论研究》,中国社会科学院研究生院硕士学位论文,2001 年。

[102]周建亨:《供应链中融资与回购决策分析》,《工业工程》2010 年第 3 期。

[103]周好文、王菁:《从投资组合理论视角审视我国商业银行非利息收入的波动性》,《经济经纬》2008 年第 4 期。

[104]周钊、王勇、徐鹏:《存货质押业务中银行对物流企业的最优激励契约》,《工业工程》2009 年第 2 期。

[105]朱文贵、朱道立、徐最:《延迟支付方式下的存货质押融资服务定价模型》,《系统工程理论与实践》2007 年第 12 期。

[106]朱晓伟:《存货融资在我国中小企业中应用的实证研究》,上海交通大学硕士学位论文,2010 年。

[107]Aghion, P., Bolton P., "An Incomplete Contracts Approach to Financial Contracting", *Review of Economic Studies*, Vol. 59, No. 3, Autumn 1992.

[108] Albea, R. K., "Economic Aspects of Inventory and Receivable Financing", *Law and Contemporary Problems*, Vol. 13, No. 4, Summer 1948.

[109]Arenas, M., Bilbao, A., Rodriguez, M. V., "A Fuzzy Goal Programming Approach to Portfolio Selection", *European Journal of Operational Research*, Vol. 133, No. 2, Spring 2001.

[110] Arnesano M., Carlucci, A., Laforgia, P., " Extension of Portfolio Theory Application to Energy Planning Problem-The Italian Case", *Energy*, Vol. 39, No. 1, Spring 2012.

[111]Athayde, D., and R.Flores, "On Certain Geometric Aspects of Portfolio Optimization with Higher Moments", Economics Working Paper, Graduate School of Economics, No. 453, 2002.

[112] Barnett, W., "What's in a Name? A Brief Overview of Asset-based Lending", *Secured Lender*, Vol. 53, No. 6, Winter 1997.

[113] Barsky, N.P., Catanach, A.H., "Evaluating Business Risks in the Commercial Lending Decision", *Commercial Lending Review*, Vol. 20, No. 3, Summer 2005.

[114] Babich, V., Sobel, M. J., "Pre-IPO Operational and Financial Decisions", *Management Science*, Vol. 50, No. 7, Autumn 2004.

[115] Birge, J.R., "Option Methods for Incorporating Risk into Linear Capacity Planning Models", *Manufacturing & Service Operations Management*, Vol. 2, No. 1, Spring2000.

[116] Birge, J. R., Zhang, R. Q., "Risk-neutral Option Pricing Methods for Adjusting Constrained cash flows", *Energy Economist*, Vol. 44, No. 1, Spring 1999.

[117] Boot, A. W. A., Thakor, A. V., Udell, G. F., "Secured Lending and Default Risk: Equilibrium Analysis, Policy Implications and Empirical Results", *Economic Journal*, Vol. 101, No. 406, Summer 1991.

[118] Buzacott, J.A., Zhang, R.Q., "Inventory Management with Asset-based Financing", *Management Science*, Vol. 50, No. 9, Autumn 2004.

[119] Caldentey, R., Haugh, M. B., "Supply Contracts with Financial Hedging", *Operations Research*, Vol. 57, No. 1, Spring 2009.

[120] Campbell, R., Liechty, Merrill, and Muller, "Bayesian Selection of Threshold Autoregressive Models", *Journal of Time Series Analysis*, Vol. 25, No. 4, Autumn 2004.

[121] Carner, C. H., "Secured Lending for High-growth

Retailers", *Secured Lender*, Vol. 54, No. 11, Winter 1998.

[122] Ching, C.L., "Bargaining and Search with Recall: A Two-period Model with Complete Information", *Operations Research*, Vol. 42, No. 6, Winter 1994.

[123] Clarke, P.D., "Inventory Lending: Is That Difficult?" *The Secured Leader*, No. 1, Spring 2001.

[124] Corominas-Bosch, M., "Bargaining in a Network of Buyers and Sellers", *Journal of Economic Theory*, Vol. 115, No. 1, Spring 2004.

[125] Cossin, D., Hricko, T., " A Structural Analysis of Credit Risk with Risky Collateral: A Methodology for Haircut Determination", *Ecomomic Notes*, Vol. 32, No. 2, Spring 2003.

[126] Cossin, D., Huang, Z., Aunon-Nerin, D., "A Framework for Collateral Risk Control Determination", Working Paper, European Central Bank Working Paper Series, No. 1, 2003.

[127] Erik Ddlarue, Cedric De Jonghe, Ronnie Belamans, William Dhaeseleer, " Applying Portfolio Theory to the Electricity Sector: Energy versus Power", *Energy Economics*, Vol. 33, Autumn 2011.

[128] Fabien Roques, Celine Hiroux, Marcelo Saguan, " Optimal Wind Power Deployment in Europe—A Portfolio Approach", *Energy Policy*, Vol. 38, No. 7, Autumn 2010.

[129] Fang, Y., K. K. Lai, S. Y. Wang, " Portfolio Rebalancing Model with Transaction Costs Based on Fuzzy Decision Theory", *European Journal of Operational Research*, Vol. 175, No. 2, Summer 2006.

[130] Gang Wu, Lan-Cui Liu, Yi-Ming Wei, " Comparison of

China's Oil Import Risk: Results Based on Portfolio Theory and a Diversification Index Approach", *Energy Policy*, Vol. 37, No. 9, Autumn 2009.

[131] Gupta, D., Wang, L., "A Stochastic Inventory Model with Trade Credit", *Manufacturing & Service Operations Management*, Vol. 11, No. 1, Spring 2009.

[132] Gertzof, M., "The Changing Face of Asset-based Lending", *Commercial Lending Review*, Vol. 15, No. 4, Autumn 2000.

[133] Haresh G, "A Bargaining Model for a First-time Interaction under Asymmetric Beliefs of Supply Reliability", *Management Science*, Vol. 52, No. 6, Winter 2006.

[134] Hu Zhi, Yan Zheng, Jiang Wen, "Planning and Dispatching of Hybird Renewable Power System Based on Portfolio Theory", *Energy Procedia*, Vol. 14, No. 14, Autumn 2012.

[135] Jacoby, G., Smimou, K., Gottesman, A.A., "Mean-Variance Theory and the Bid-Ask Spread", Working paper, Asper School of Business, University of Manitoba, 2003.

[136] Jacoby, G., Gottesman, A. A., Fowler, D. J., "On Asset Pricing and the Bid-Ask Spread", Working paper, Asper School of Business, University of Manitoba, 2002.

[137] James, C., "The Use of Loan Sales and Standby Letters of Credit by Commercial Banks", *Journal of Monetary Economics*, Vol. 22., No. 3, summer 1988.

[138] James R. Brown, "Managing the Retail Format Portfolio: An Application of Modern Portfolio Theory", *Journal of Retailing and Consumer Services*, Vol. 17, No. 1, Spring 2010.

[139] Jarrow, R., Turnbull, S., "Pricing Derivatives on Financial

Securities Subject to Credit Risk", *Journal of Finance*, Vol. 50, No. 1, Spring 1995.

[140] Jarrow, R., Lando, D., Turnbull, S., "Markov Model for the Term Structure of Credit Risk Spreads", *Review of Financial Studies*, Vol. 10, No. 2, Summer1997.

[141] Jokivuolle, E., Peura, S., "Incorporating Collateral Value Uncertainty in Loss Given Default Estimates and Loan-to-value Ratios", *European Financial Management*, Vol. 9, No. 3, Summer 2003.

[142] Jondeau, E., Rockinger, M., "The Allocation of Assets under Higher Moments", FAME Research Paper, No. 71, Dec. 2002.

[143] Jorion, P., *Value at Risk: The New Benchmark for Controlling Market Risk*, Chicago: Inwin X Inwin Professional Publishing, 1998.

[144] Jorion, P., *Value at Risk*, McGraw-Hill Companies Inc., 2001.

[145] John, K., Lynch, A. W., Puri, M., "Credit Ratings, Collateral, and Loan Characteristics: Implications for Yield", *Journal of Business*, Vol. 76, No. 3, Summer 2003.

[146] Konno, H., Suzuki, K., "A Mean-Variance-Skewness Optimization Model", *Journal of Operations Research Society of Japan*, Vol. 38, No. 2, Summer 1995.

[147] Lacroix, R., Varangis, P., "Using Warehouse Receipts in Developing and Transition Economies", *Finance & Development*, No. 6, Autumn 1996.

[148] Lederer, P. J., Singhal, V. R., "The Effect of Financing Decisions on the Economic Evaluation of Flexible Manufacturing

Systems", *International Journal of Flexible Manufacturing Systems*, Vol. 6, No. 4, Winter 1994.

[149] Lei Zhu, Ying Fan, "Optimization of China's Generating Portfolio and Policyimplications Based on Portfolio Theory", *Energy*, Vol. 35, No. 3, Autumn 2010.

[150] Leora, Klapper, "The Role of 'Reverse Factoring' in Supplier Financing of Small and Medium Sized Enterprises", World Bank Working Paper, September 2004.

[151] Li, L., Shubik, M., Soble, M. J., "Control of Dividends, Capital Subscriptions, and Physical Inventories", Working paper, Yale School of Management.

[152] Li, L., Shubik, M., Sobel, M. J., "Production with Dividends and Default Penalties", Working paper, Weatherhead School of Management, Case Western Reserve University, Cleveland, OH, 1997.

[153] Li, Z. F., Wang, S. Y. Deng, X. T., "A Linear Programming Algorithm for Optimal Portfolio Selection with Transaction Costs", *International Journal of Systems Science*, Vol. 31, No. 1, Spring 2000.

[154] Luciano, E., "Fulfillment of Regulatory Requirement on VAR and Optimal Portfolio Policies", Working paper, University of Turin, 1998.

[155] MacDonald, R. S., "Avoid Losses in Industrial Inventory Loans", *The Secured Leader*, Vol. 62, No. 4, Autumn 2006.

[156] Manea, M., "Bargaining in Stationary Networks", *American Economic Review*, Vol. 101, No. 5, Autumn 2011.

[157] Manel, B., Steven, A. L., "Bargaining with Search as an Outside Option: The Impact of Bhe buyer's Future Availability",

Decision Analysis, Vol. 1, No. 4, Autumn 2004.

[158] Mao J.C.T., "Models of Capital Budgeting, E-V versus E-S", *Journal of Financial and Quantitative Analysis*, Vol. 4, No. 5, Winter 1970.

[159] Mausser, H., Rosen, D., "Applying Scenario Optimization to Portfolio Credit Risk", *The Journal of Risk Finance*, Vol. 2, No. 2, Winer 2001.

[160] Matthesen, T., "Inventory Financing: Is Your Company a Candidate?" *Apparel Industry*, Vol. 59, No. 10, Winer 1998.

[161] Nail, L., "Currents Trend in Commercial Lending", *Commercial Lending Review*, Vol. 18, No. 2, Summer 2003.

[162] Polanski, A., "Bilateral Bargaining in Networks", *Journal of Economic Theory*, Vol. 134, No. 1, Spring 2007.

[163] Prattley, D. J., Morris, R. S., Stevenson, M. A., Thornton, R., "Application of Portfoliotheory to Risk-based Allocation of Surveillance Resources in Animal Populations", *Precentive Veterinary Medicine*, Vol. 81, No. 1-3, Spring 2007.

[164] Rutberg, S., "Financing the Supply Chain by Piggy-backing on the Massive Distribution Clout of United Parcel Service", *The Secured Lender*, Vol. 58, No. 6, Winter 2002.

[165] Sahu, S., Dey, D.Branco, M., "A New Class of Multivariate Skew Distributions with Applications to Bayesian Regression Models", *The Canadian Journal of Statistics*, Vol. 129, No. 31, Winter 2003.

[166] Sharpe, W.F., Alexander, G.J., Bailey, J.V., Fowler, D.J., *Investments*, Second Canadian Edition, Scarborough, Ontario, Prentice Hall Canada Incorporated, 1997.

[167] Sironi, A., Rest, A., "Risk Management and Shareholders.

Value in Banking", Wiley Finance Series, 1997.

[168] Siskin, E., "Risks and Rewards of Asset-based Lending to Retailers ", *Commercial Lending Review*, Vol. 13, No. 1, Spring 1998.

[169] Shearer, A. T., Diamond, S. K., " Shortcomings of Risk Ratings Impede Success in Commercial Lending", *Commercial Lending Review*, Vol. 14, No. 1, Spring 1999.

[170] Tri, V. D., " Bargaining with Endogenous Information", *Journal of Economic Theory*, Vol. 140, No. 1, Spring 2008.

[171] Wanli Ma, " Research on Portfolio Optimization of Agricultural Intellectual Property Promotion Engineering Projects", *Systems Engineering Procedia*, Vol. 2, No. 2, Summer 2011.

[172] Xu, X. D., Birge, J. R., " Join Production and Financing Decisions: Modeling and Analysis", Working Paper, Northwestern University, 2004.

[173] Yun-Hsun Huang, Jung-Hua Wu, " A Portfolio Risk Analysis on Electricity Supply Planning", *Energy Policy* , Vol. 36, No. 2, Winter 2008.

后　　记

本专著受到国家自然科学基金项目（71362028）、教育部人文社会科学研究基金项目（11YJC630092）、云南省应用基础研究计划面上项目（2015FB142）、云南省中青年学术和技术带头人后备人才项目（2014HB009）、云南省哲学社会科学规划项目（QN201209）、云南省级立项支持应用经济学重点学科建设暨新增一级学科博士点学科建设项目——应用经济学、云南师范大学“十二五”学科建设项目一层次应用经济学、云南师范大学“十二五”学科建设项目三层次工商管理、云南师范大学学术文库和云南师范大学学术著作出版基金资助项目联合资助，是这些项目的研究成果，学术价值和创新实践得到了银行、企业和专家学者的高度评价。

本专著是集体智慧的结晶，是全体研究人员工作的成果。我对本专著的研究思路和研究内容进行了设计和组织，并撰写了主要章节。云南师范大学经济与管理学院胡晓辉、者贵昌、王桦、吴可可、何展、薛婉璐、张译丹、韩丽星、祁山舢、刘长波、刘晨参与了部分内容的撰写和文字校对工作。在本专著的撰写和编辑过程中，得到了人民出版社经济与管理编辑部主任、编审郑海燕和相关编辑的大力支持，他们为本专著的出版付出了艰辛劳动。

物流金融理论研究的道路漫长，存货质押发展实践的创新艰巨。融资模式创新的理论实践需要一次又一次的探索……

李富昌

二〇一六年一月三日